Nicola Vollkommer

Du bist ein Gott, der mich sieht

Das Buch zur Jahreslosung 2023

SCM
R.Brockhaus

SCM

Stiftung Christliche Medien

SCM R.Brockhaus ist ein Imprint der SCM Verlagsgruppe, die zur Stiftung Christliche Medien gehört, einer gemeinnützigen Stiftung, die sich für die Förderung und Verbreitung christlicher Bücher, Zeitschriften, Filme und Musik einsetzt.

MIX
Papier | Fördert gute Waldnutzung
FSC® C014496
FSC
www.fsc.org

5. Auflage 2023

Max-Eyth-Straße 41 · 71088 Holzgerlingen
Internet: www.scm-brockhaus.de · E-Mail: info@scm-brockhaus.de

Umschlaggestaltung: Miriam Gamper-Brühl, www.3kreativ.de
Titelbild: shutterstock/VerisStudio
Autorenfoto: © Rahel Täubert
Satz: τ-leχιs, Heidelberg
Druck und Bindung: GGP Media GmbH, Pößneck
Gedruckt in Deutschland
ISBN 978-3-417-00028-3
Bestell-Nr. 227.000.028

Inhalt

Vorwort

Nachdem ich einmal einen Vortrag über die Geschichte von Hagar im Alten Testament gehalten hatte, kam eine Zuhörerin entrüstet auf mich zu und beklagte sich, ich hätte das Geschehen in 1. Mose 16 komplett falsch ausgelegt. Hagar sei eine böse, gottlose Frau, ihre Existenz und erst recht die ihres Sohnes sei ein Betriebsunfall, nichts als Unheil sei aus ihrer Linie gekommen. Wie ich bloß dieser Frau so eine Würde verleihen und sogar das Wirken Gottes in dieser Begebenheit erkennen könnte! Das hätte doch alles nicht passieren sollen. Ich war nicht schlagfertig genug, um ihr an Ort und Stelle eine Antwort zu geben, dachte aber lange über ihre Worte nach. Hätte alles nicht passieren sollen. Ja, genau. Die Bibel ist voll von Ereignissen, die »nie hätten passieren sollen«, angefangen mit dem Sündenfall in 1. Mose 3. Genau betrachtet sind die drei Kapitel davor – die Erschaffung der Welt und der ersten Menschen – vermutlich die einzigen Ereignisse, die exakt nach Gottes Plan passiert sind. Gemessen an der Messlatte meiner kritischen Zuhörerin wäre, ehrlich gesagt, auch mein eigenes Leben nichts anderes als eine Kette von Episoden, die nicht hätten sein sollen.

Jedenfalls hätten sie viel geschickter und besser laufen können.

Aber genau das zeigt uns die Geschichte von Hagar wie auch viele andere Geschichten, die in der Bibel noch folgen: Eine einzige Dummheit reicht, um jahrzehntelange, wenn nicht, wie im Fall von Abraham, jahrhundertelange Folgen nach sich zu ziehen. Das ist das Wesen von menschlicher Sünde. Ihre Folgen wuchern, zerstören, greifen um sich. So auch im Leben von Hagar. In dieser Hinsicht steht das Schicksal der ägyptischen Sklavin sinnbildlich für das Schicksal der gesamten Menschheit. Sündige Menschen, von Gott getrennt, greifen fieberhaft und auf eigene Faust nach dem persönlichen Glück, nach dem sie sich sehnen, ungeachtet des Kollateralschadens, der entstehen kann. Aber mitten in die Trümmerfelder gebrochener Existenzen streckt Gott seine helfende Hand – für alle, die demütig genug sind, um ihre Not zu sehen, ihre Rettungsbedürftigkeit zu bekennen und sich helfen zu lassen. Nicht ich, Gott selbst verleiht dieser Frau Würde. Ihre Geschichte nimmt ganz schön viel Platz im ersten Buch Mose ein. Sie kommt auch später wieder vor, in Kapitel 21. Es ist auch meine, Ihre Geschichte. Ich lade Sie ein, mit mir zusammen in eine der bewegendsten Geschichten des Alten Testaments einzusteigen!

Nicola Vollkommer
Reutlingen, im Januar 2022

I.

Eine Frau auf der Flucht und ein Schöpfer auf der Suche

Gründe, dieser Frau große Beachtung zu schenken, gibt es keine. In der damaligen Kultur schon gar nicht. Hätte irgendein Passant sich herabgelassen, sie zu fragen, warum sie auf dem brennenden Sand einer nahöstlichen Wüste vor sich hin stolpert, unterwegs ins Niemandsland, hätten ihre Antworten – falls sie sich dazu durchgerungen hätte, überhaupt welche zu geben – nur ein mitleidiges Kopfschütteln ausgelöst, wenn nicht helle Empörung. »Na ja, selbst schuld«, wäre vermutlich die Reaktion gewesen.

Nicht, dass so eine Reaktion diese Frau in diesem Augenblick gestört hätte. Nach Beachtung sucht sie nicht. Dass irgendjemand sie fragt, warum sie Tränen im Gesicht hat oder wie ihre Woche so war, das kennt sie ohnehin nicht. Sie will nur eins: fort vom Ort ihres Leidens. Nicht einmal das Bewusstsein, dass sie ein Kind unter ihrem Herzen trägt und damit ein zweites Leben aufs Spiel setzt, bringt sie zur Umkehr und zur Besinnung. Eine Frau, die in diese Wüste hineinmarschiert, hat nicht unbedingt vor, zurückzukehren. Erst recht nicht, wenn sie allein und dazu noch völlig schutzlos ist.

Andere Geschichten in der Bibel geben Aufschluss darüber, wie gefährlich unbewohnte Wüstenwege zu der Zeit waren. Gegen eine sengende Hitze bei Tag und eine klirrende Kälte bei Nacht müssen Touristen im Nahen Osten sich auch heute rüsten. Wie auch gegen die Gefahr, sich in einer Landschaft, die keine Orientierung bietet, zu verlaufen. König David musste zu biblischer Zeit gegen Bären und Löwen kämpfen, um sich und seine Schafe zu schützen. Elia musste einmal von Raben ernährt werden, ein anderes Mal durch die Dienste eines Engels. Jesus erzählte viele Jahre später von dem Reisenden, der von Wüstenpiraten überfallen wurde. Besonnene Reisende hatten zu jener Zeit eine bewaffnete Leibgarde, erfahrene Reisebegleiter und große Vorräte dabei, die vor Wind, Wetter und Hunger schützten.

Was trieb also diese junge Frau zu so einer Verzweiflungstat? Die Vorgeschichte ist lang, dramatisch und unappetitlich. Hagar kam ursprünglich aus Ägypten. Vermutlich hatte Abram sie entweder während seines unglücklichen Ausflugs nach Ägypten gekauft (1. Mose 12) und seiner Frau als Dienerin geschenkt, oder sie war ein Geschenk vom König von Ägypten. Menschenhandel, von Gott selbst nie gutgeheißen, war zu dieser Zeit gang und gäbe und ein lukratives Geschäft.

Abrams lang ersehnter Sohn und Erbe, seit Jahren von Gott verheißen, ließ auf sich warten. Sarai, die Frau Abrams, wurde ungeduldig und machte sich kreative Gedanken, wie sie Gott ein wenig nachhelfen könnte, damit sie zu ihrem Sohn käme. Heißt es nicht, Gott hilft denjenigen, die sich selbst helfen? Ihre Magd Hagar – jung, im gebärfreudigen Alter, vermutlich bildhübsch – könnte doch von Abram schwanger werden. Nicht nur die Dienerin, sondern auch das Kind, das sie gebären würde, wären dann der rechtmäßige Besitz der Sarai.

Welche Frau, die bei Sinnen ist, stiftet ihren Ehemann aktiv zum Fremdgehen an? Um die unheilvollen Ereignisse zu verstehen, die jetzt ihren Lauf nahmen, müssen wir wissen, dass es die wichtigste Aufgabe einer Ehefrau zu dieser Zeit war, Stammhalter für ihren Ehemann hervorzubringen. Vor allem Söhne waren begehrt, waren sie doch die Garantie, dass die Dynastie, der Name und das Vermächtnis des Mannes fortgesetzt wurden. Keine Kinder zu gebären, galt als Schande und Versagen, eine Infragestellung der Kernidentität einer Frau, schlimmstenfalls als göttliche Missgunst. Einige Jahre später klagte die kinderlose Rahel bei Jakob: Gib mir Kinder oder ich sterbe! Auch sie und ihre Schwester Lea schickten ihre Dienerinnen ins Bett des Ehegatten, um die Schar ihrer Nachkommen zu vergrößern und im Wettbewerb der Fruchtbarkeit mitzuhalten. In der nächsten Generation ging das Wetteifern um Söhne weiter. Tamar, Judas Schwiegertochter, schmiedete einen raffinierten Plan, um ins Bett ihres Schwiegervaters zu schleichen, von ihm schwanger zu werden und den fehlenden Erben für die Linie Judas auf die Welt zu bringen. Der rührselige Elkana fragte seine unfruchtbare Frau Hannah, ob er ihr nicht mehr wert sei als viele Söhne. Die Antwort war damals vermutlich ein deutliches »Nein«.

Söhne zu gebären, stand für eine Frau zu biblischer Zeit weit über dem Bedürfnis nach romantischer Liebe in der Exklusivität einer Mono-Ehe. Aus diesem Grund waren Ehefrauen bereit, jede Menge Demütigungen in ihrem Streben nach Fruchtbarkeit zu ertragen und sogar Zweitfrauen und Konkubinen als Konkurrentinnen zu erdulden.

So war es für damalige Verhältnisse gar nicht abwegig, dass Hagar, Sarais ägyptische Magd, sich ihrer kinderlosen Herrin als Leihmutter zur Verfügung stellte. Inwieweit wurde sie dazu gezwungen? Oder sah sie ein sexuelles Abenteuer mit dem mächtigen Abram als Reiz? Als Abenteuer, als einmalige Chance, zu einem Kind zu kommen? Vielleicht würde Abram Gefallen an ihr finden und sie noch einmal zu sich ins Bett holen. Sie zur Konkubine auf Lebenszeit oder gar zur zweiten Ehefrau machen. Das wäre immerhin besser als ihre aktuelle Stellung als Sklavin.

Welche Gedanken durch Hagars Kopf trieben, geht aus der Geschichte nicht hervor. Auf jeden Fall war sie Spielball der ungeduldigen Versuche ihrer Herrin, die Erfüllung von Gottes Verheißung zu erzwingen. Sie verbrachte eine Nacht mit Abram und wurde schwanger. Man muss kein Psychologe sein, um sich das Spannungsfeld auszumalen, das daraufhin zwangsläufig entstehen musste. Es war Zickenkrieg wie aus der Boulevardpresse. Hagar wurde überheblich, Sarai fühlte sich gekränkt und gedemütigt und beklagte sich bei ihrem Mann. Dieser weigerte sich, sich einzumischen, nahm weder seine Frau noch die Sklavin in Schutz. Die Magd ist doch in deiner Hand, du kannst mir ihr machen, was du willst, lautete seine eiskalte Antwort. Irgendwann kam es zum Eklat, die letzte Sicherung brannte durch und Hagar, am Ende ihrer Kräfte, ergriff die Flucht (1. Mose 16,6). Es musste eine tiefe Verzweiflung sein, ein gefährliches Spiel mit dem Selbstmord.

Göttliche Augen, die die Erde durchstreifen

> Und der Engel des Herrn fand sie an einer Wasserquelle in der Wüste, an der Quelle auf dem Weg nach Schur.
>
> *1. Mose 16,7*

Das größte Wunder in Gottesbegegnungen ist nicht die Suche eines Menschen nach Gott, sondern die Suche Gottes nach dem Menschen.

Das größte Wunder in vielen biblischen Gottesbegegnungen ist nicht die Suche eines Menschen nach Gott, sondern Gottes Suche nach dem Menschen. Das ist das Element unseres Christseins, das Halt und Sicherheit gibt. Nicht, dass der verlorene Sohn den Weg zurück nach Hause findet, sondern dass der Vater Tag für Tag auf ihn wartet, nach ihm Ausschau hält, aus dem Haus rennt, um ihn an sein Herz zu drücken, wenn er ihn am Horizont erblickt. Göttliche Initiative pur.

In der hebräischen Bibel gibt es verschiedene Bezeichnungen für Jahwe. Eine davon, die nur einmal vorkommt, nämlich in der Geschichte von Hagar, ist *El Roi,* der Gott, der mich sieht. Auch wenn der Name nur einmal in der Bibel erscheint, bestätigt er sich an den verschiedensten Stellen. Gott sieht Kain an, um ihn zu warnen, bevor es zu spät ist und er ausrastet und seinen Bruder umbringt. Er sieht Lot an, um ihn aus der Stadt herauszuziehen, die dem Untergang geweiht ist. Er ist der Gott, vor dem es kein Entkommen gibt.

> HERR, du hast mich erforscht und erkannt. Du kennst mein Sitzen und mein Aufstehen, du verstehst mein Trachten von fern. ... Wohin sollte ich gehen vor deinem Geist, wohin fliehen vor deinem Angesicht? ... Meine Urform sahen deine Augen. Und in dein Buch waren sie alle eingeschrieben, die Tage, die gebildet wurden, als noch keiner von ihnen da war.
>
> *Aus Psalm 139*

Das könnte Hagars, das könnte meine Geschichte sein. Mein Suchen nach Gott hängt von meiner Tagesform, meinen Launen und Lebensumständen ab. Seine Suche nach mir ist beharrlich, rund um die Uhr, nonstop.

Gottes Suche nach mir ist beharrlich, rund um die Uhr, nonstop.

Hagar ahnt nicht, dass sie schon gesucht wird. Dass Sarai Diener losschickt, um ihr ungeborenes Kind zurückzuholen, sobald sie merkt, dass ihre Sklavin sich aus dem Staub gemacht hat, wäre denkbar. Aber jemand anderes kommt ihr zuvor. Gott selbst. Interessant, wo sein Engel die flüchtende Frau findet. Die Wüstensiedlung Schur liegt vor Ägypten (1. Mose 25,18). Hagar hat eine erstaunlich weite Strecke hinter sich gebracht. Ihre Flucht muss bei Mamre, nahe dem heutigen Hebron, begonnen haben, wo sich zu dieser Zeit Abrams Zeltlager befindet (1. Mose 13,18). Nach Schur ist es von dort aus eine ziemlich große Entfernung. Bis der Austausch mit dem Engel stattfindet, muss Hagar ganz schön müde und ausgelaugt sein. Der Brunnen, an dem sie gefunden wird, liegt zwischen Kadesch und Bered in der Wüste Negev.

Der Engel hat sich also Zeit gelassen, bevor er Hagar anspricht. Es ist anzunehmen, dass Hagars ursprüngliches Ziel ihr Heimatland Ägypten war. Dass sie sich immer noch mit Ägypten verbunden fühlt, geht aus einer späteren Stelle hervor, in der beiläufig erwähnt wird, dass sie in Ägypten eine Frau für ihren Sohn findet (1. Mose 21,21). Vielleicht ist sie durch den langen Fußmarsch, die Hitze und die Härten der Reise inzwischen zur Besinnung gekommen und bereit, ihren waghalsigen Plan neu zu überdenken. Sie sitzt in der Klemme. Ein Weg zurück? Menschlich gesehen, unmöglich. Ein Weg nach vorne? Welche Aussichten hat eine schwangere Sklavin auf einen Neustart in Ägypten? Hoffnungsloser könnte ihre Lage nicht sein: Kein schlechter Zeitpunkt also für Gott, sich in die Entwicklung der Dinge einzumischen.

Ich muss immer an dieser Stelle kurz anhalten, wenn ich Hagars Geschichte lese. Der alttestamentliche Gott, dessen Heiligkeit oft als Unnahbarkeit, seine Gerechtigkeit als Grausamkeit ausgelegt wird, offenbart hier sein wahres Wesen. Ein Engel ist ein hoher Gesandter Gottes, ein Vertreter, ein Sprachrohr des Allmächtigen. »Hagar, Magd Sarais« (1. Mose 16,8), so fängt das Gespräch an. Gott kennt ihren Namen und weiß, wer ihre Vorgesetzte ist. Welche Überraschung für Hagar, mitten in dieser aussichtslosen Situation! Wer kennt sie und ihre Lebensumstände hier, in dieser trostlosen Umgebung? Sie ist bestimmt sofort ganz Ohr. Unmittelbar auf den Gruß folgen zwei Fragen (1. Mose 16,8): Woher kommst du, und wohin gehst du?

Wenn Gott uns Fragen stellt, ist es nicht, weil *er* Auskunft braucht, sondern weil *wir* Auskunft brauchen. »Woher kommst du?«, das ist mehr als nur eine beiläufige Frage nach dem Ort ihrer Herkunft. Diese drei einfachen Worte schneiden direkt in eine schmerzhafte Lebensbiografie hinein. Was könnte alles dabei gewesen sein? Die Bibel gibt uns keine Auskunft. Hagar ist eine Sklavin. Sie kommt sicher nicht aus gebildeten, gut betuchten Gesellschaftskreisen. Vermutlich hat ihre Familie sie verkauft, enteignet. Was macht das mit einer jungen Seele? Welche tragischen Lebensumstände stecken dahinter? Wie ein Stück Vieh auf dem Markt wird sie dem großzügigsten Anbieter als Besitz übergeben. Sie hätte es gewiss schlechter erwischen können als beim Patriarchen Abram. Aber eine heilsame, gesunde Kultur findet sie dort auch nicht gerade vor. Auch unter Gottesdienern gibt es Streit, Neid, Ausbeutung, Ablehnung. Menschen, für die andere gerade gut genug sind, sie für bestimmte Zwecke zu missbrauchen, um sie dann wieder fallen zu lassen, sobald sie ausgedient haben oder keinen Gewinn mehr bringen. So auch bei Hagar.

Beide Frauen – Hagar und Sarai – werden in einer Grenzsituation von den Wunden einer schmerzvollen Vergangenheit eingeholt. Sarai von der Schmach, kein Kind gebären zu können. Von der unterschwelligen Empörung, dass Abrams Vergnügen mit Hagar tatsächlich zu einer Zeugung geführt hat. Und nun von dem Vergleich mit der blutjungen, schwangeren Dienerin, die sich jetzt auch noch auf ihre Schwangerschaft etwas einbildet. Hagar ist zu jung, zu unerfahren und selbst zu sehr vom Leben geschädigt, um ihre plötzliche Überlegenheit über ihre Herrin zu verkraften. Die Schwangerschaftshormone tragen das ihre dazu bei. Sie sonnt sich in dem Gefühl, zum ersten Mal in ihrem Leben wichtig zu sein (1. Mose 16,4), brüstet sich ein wenig, wirft vielleicht verächtliche und scheinbar mitleidige Blicke in Sarais Richtung, macht ironische Bemerkungen, schaut immer dann demonstrativ auf ihren wachsenden Bauch, wenn Sarai vorbeigeht, klagt über Müdigkeit, wenn sie eine Aufgabe erfüllen soll, zu der sie keine Lust hat. So etwa kann man sich die Lage vorstellen. Endlich hat sie etwas geschafft, was eine andere nicht geschafft hat. Sie trägt ein Kind unter ihrem Herzen. Nicht nur irgendeins, sondern den Erben eines wohlhabenden und einflussreichen Mannes. Zum ersten Mal in ihrem Leben hat sie die Nase vorn, befindet sich nicht mehr ganz unten, sondern oben auf der Leiter. Sarai reagiert mit Wut und Ärger. Hat Hagar nicht ihr neues Prestige ganz Sarai zu verdanken? Für wen hält sie sich eigentlich? Wo bleibt die Dankbarkeit? Wird sie womöglich Ansprüche stellen? Ein zweites Mal zu Abram ins Bett gehen, ihn verführen? Das Kind für sich behalten wollen? Dass es zu einem Zusammenprall kommt, ist unvermeidlich.

Das alles ist die Antwort auf die Frage: »Woher kommst du?«

Erstaunlich ist: Hagar gerät weder in Schockstarre, noch überkommt sie eine Panikattacke beim Anblick eines Engels, anders als andere Personen in der Bibel, die Engel gesehen haben. Dieser Engel muss also ziemlich gewöhnlich ausgesehen haben. Hagar scheint auch nicht überrascht zu sein, dass ein wildfremder Mensch sie anspricht. Sie fasst die ganze Misere ihrer Lage in einer kurzen Antwort zusammen: »Ich bin auf der Flucht vor meiner Herrin Sarai.« Der Satz ist nüchtern, knapp, ehrlich. Keine Anschuldigungen, keine Ausreden, kein Erguss von verbitterten und verletzten Emotionen, wie etwa: Ja, aber wenn Sie wüssten, was ich alles ausgehalten habe, wie ich missbraucht wurde. Zuerst macht sie mich zur Hure, um durch mich zu einem Kind zu kommen, dann schimpft sie um die Wette über mich, nur weil ihr Plan tatsächlich aufgegangen ist. Was ich auch mache, alles ist falsch!

In der Gegenwart Gottes erübrigen sich Ausreden und Erklärungen. Gott weiß schon alles. Erstaunlich ist das Vertrauen, das Hagar offensichtlich spürt. Was hätte ich geantwortet? Vielleicht: Wer sind Sie denn überhaupt? Was geht es Sie an, woher ich komme und wohin ich gehe? Sie sind aber dreist, gleich mit solch persönlichen Fragen zu kommen!

In der Gegenwart Gottes erübrigen sich Ausreden und Erklärungen.

Die göttliche Kunst, gebrochene Menschen aufzurichten

Haben auch Sie manchmal das Gefühl, dass Gott ganz schön auf sich warten lässt, wenn Sie seine Hilfe brauchen? Gott besitzt eine Tugend, die mir zumindest gerade in Krisensituationen oft fehlt: Geduld. Manchmal müssen Prozesse reifen. Aufgewühlte Herzen zur Ruhe gekommen. Verbohrte Köpfe weich werden. Neue Optionen auf den Tisch kommen, weil die alten versagt haben. Festgefahrene Vorgehensweisen neu überdacht werden, weil alle bisherigen Versuche, sich aus der Klemme zu befreien, fehlgeschlagen sind. Vielleicht hat Hagar erst jetzt den Punkt erreicht, an dem es ihr dämmert, dass die Flucht doch keine so gute Idee war. Aber sie hat noch nicht den Punkt erreicht, an dem sie die Kraft und den Mut hat, zurückzukehren. Gottes Timing ist perfekt.

Meine größten Einschnitte im Leben geschahen immer dann, wenn ich alle eigenen Möglichkeiten ausgereizt hatte. In solchen Zeiten fand ich in Hagars Geschichte immer wieder Trost und Hoffnung. Als Mutter von vier Kindern und Frau eines Pastors war mein Weg vorgezeichnet – so dachte ich jedenfalls. Hausfrau, Vollzeitmutter, nebenher Gemeindearbeit, Seelsorge, Dienst an den Frauen der Gemeinde. Nach zehn Jahren war ich ausgelaugt. Aufgezehrt in einer anspruchsvollen und mühsamen Gemeindearbeit, den Erwartungen ganz und gar nicht gewachsen, die an uns als Familie gestellt wurden, erfolglos in meinen Versuchen, Frauen auf ihrem Glaubensweg zu begleiten. Meine Angst und Unsicherheit trieben mich fast in Panikattacken, jedes Mal, wenn ich unser Gemeindegebäude betrat.

Dann wies mich eine Freundin darauf hin, dass für Englischkurse an der Volkshochschule »Native Speakers« gesucht würden. Sie meinte, ob mir nicht eine Aufgabe guttun würde, die nichts mit der Gemeinde zu tun hätte und mich auf andere Gedanken brächte. Warum nicht, dachte ich. Schlimmer konnte meine Lage nicht werden, zu verlieren hatte ich nichts. Ich bewarb mich, machte eine kurze Fortbildung, um zu lernen, wie man so einen Kurs durchführt, und bekam prompt eine Einstellung als Leiterin für vier Englischkurse, die von Senioren belegt waren.

Meine neue Tätigkeit wurde in meinem Bekanntenkreis mit einem Kopfschütteln begrüßt. Aber langsam fing meine Seele wieder an zu atmen. Ich war auf etwas gestolpert, was ich offensichtlich gut machte, auch nach fünfzehn Jahren Hausfrau-und-Mutter-Dasein. Nach einiger Zeit unterwies ich nicht nur Senioren, sondern auch Geschäftsmänner und Grundschullehrer, die zu der Zeit anfangen mussten, ihr Englisch für Sprachunterricht in der Grundschule aufzufrischen. Auf diesem Weg wurde ich gebeten, in der christlichen Schule zu unterrichten, in der meine Kinder ihre Grundschulzeit verbracht hatten. Inzwischen hatte ich mein Vertrauen in Gottes Plan für mein Leben wiedergefunden und fing an, mutigere Schritte zu gehen. Ich studierte mit den Gemeindekindern Musicals ein und schrieb Lieder und Texte für Theaterstücke. Eins davon endete als Kinderbuch. Ein Verlag wurde auf meine Arbeit aufmerksam, für den ich weitere Kindergeschichten schrieb, danach Bücher für Erwachsene. Vorträge und Lesungen kamen dazu – ausgerechnet in der Frauenarbeit in verschiedenen Gemeinden, nachdem ich in der eigenen Gemeinde – zumindest nach meinem Eindruck – jämmerlich gescheitert war. Daraufhin fasste ich auch für die eigene Gemeindearbeit wieder Mut und übte mich darin, in Krisen belastbarer zu sein.

Es wäre anmaßend, meine Erlebnisse mit den dramatischen Ereignissen in Hagars Leben zu vergleichen. Aber wie Hagar war auch ich aus dem Ort meines vermeintlichen Versagens geflohen. So gerne wäre ich auch einem Engel begegnet. Aber irgendwie lief ich auch ohne Engelserscheinung Gott in die Arme und wurde nach verschiedenen Umwegen direkt zum Ort meiner ursprünglichen Krise zurückgeschickt. Nun nicht mehr ängstlich und überfordert, sondern mit neuem Schwung in meinem Schritt und in dem zuversichtlichen Bewusstsein, dass die Arbeit unter den Frauen seine Arbeit war, nicht meine. Ich musste mich lediglich zur Verfügung stellen, mein Bestes geben, den Rest ihm überlassen. Diese Entwicklung hätte nicht stattgefunden, wenn meine Krise und die »Flucht« mich nicht in eine neue Abhängigkeit vom Herrn geführt hätten. Vielleicht entdecken auch Sie Situationen in Ihrer Vergangenheit, in denen Sie durch Krisen in die Enge getrieben wurden und wegliefen, aber gerade dadurch neu die Nähe Gottes entdeckten und dann in den Alltag zurückkehrten, gestärkt, beflügelt, mit neuer Kraft!

Zurück zu Hagar. »Wohin gehst du?«, lautet die zweite Frage, die an sie gerichtet wird. Das ist jetzt der entscheidende Punkt. Der Engel gibt an dieser Stelle selbst Antwort. Kurz, bündig, klar. Keine Umschweife, kein behutsamer, geprobter oder sorgfältig aufgebauter Gesprächsverlauf. Er kommt gleich zur Sache. »Kehre zu deiner Herrin zurück, und demütige dich unter ihre Hände!« (1. Mose 16,9).

Da muss Hagar sicher erst einmal schwer schlucken. Weiß der Engel nicht, dass eine Todesstrafe auf sie warten könnte? Weggelaufene Sklaven haben zu dieser Zeit keine Aussicht auf Gnade. Hagar hat noch weitere Gründe, Angst zu haben. Sie hat sich nicht nur selbst aus der Affäre und der Verantwortung gezogen, sie hat auch das lang erwartete Kind mitgenommen. Es sozusagen gestohlen. Es gehört ihr rechtlich nicht. Und nicht nur das. Sie hat sich selbst und somit auch das Kind einer hochgradigen Todesgefahr ausgesetzt. Wenn sie den riskanten Marsch durch die Negev-Wüste nicht überlebt, dann bringt sie mit ihrer Fahrlässigkeit auch den Säugling um. Der Engel wird hohe Überredungskünste benötigen, um diese Frau sozusagen zu einem Ort zurückzuschicken, an dem nach der Geburt ihres Kindes eine Hinrichtung auf sie wartet.

Hagars große Überraschung

Das ist starker Tobak: Hagar soll zurückgehen. Zurück an den Ort ihres Scheiterns. Der Engel lässt ihr keine Zeit zum Nachdenken, bevor er fortfährt: »Ich will deine Nachkommen so sehr mehren, dass man sie nicht zählen kann vor Menge« (1. Mose 16,10).

Hagar bleibt der Mund offen vor Staunen. Es ist die Rede von *ihren* Nachkommen. Nicht von den Nachkommen von Sarai oder Abram. Das Kind gehört ihr. Ja, dieses Kind, aus einem faulen Kompromiss geboren, das Ergebnis manipulativer Machenschaften einer ungeduldigen Herrin. Dieses Kind hat eine Identität. Gott selbst hat sich über seine Zukunft Gedanken gemacht. Es hat ein Leben, eine Perspektive. Welche Frau will da nicht weiter zuhören? Die Voraussagen des Engels werden immer spannender. »Siehe, du bist schwanger und wirst einen Sohn gebären; dem sollst du den Namen Ismael geben, denn der HERR hat auf dein Elend gehört« (1. Mose 16,11). Jetzt hat das Kind, das ihr gehört, ein Geschlecht und einen Namen. Biblische Namen erzählen Geschichten. Ismael bedeutet »Gott hört«. Selbst der Name weist auf die Mutter hin, deren Not Gott gehört hat. Vielleicht hat Hagar auch zum Herrn geschrien. Die Begegnung mit Gott kommt in der Regel nicht von ungefähr, sondern als Antwort auf Hilfeschreie, die an ihn gerichtet sind. »Rufe mich an am Tag der Not; ich will dich retten« (Psalm 50,15).

Bei allem Elend, das ihr im Haus Abrams begegnet ist, hat Hagar vielleicht eins erkannt: Mit diesem Gott Abrams kann man reden. Man kann mit ihm per Du sein, in einen Dialog treten. Er lässt sich auf Menschen und ihre Nöte ein. Bei allen Unvollkommenheiten und Intrigen, die Hagar im Haus Abrams erlebt hat, irgendwo ist das Wesen des Gottes Abrams durchgeschimmert. Menschliche Blamagen und Peinlichkeiten oder Reibereien, Neid und Bosheit sind für ihn kein Hindernis, wenn er sich offenbaren will. Anscheinend sind sie mit einkalkuliert. Auch in meinem Leben. Wie beruhigend: Dass Menschen ihr Herz für den lebendigen Gott öffnen, hängt nicht von meiner guten Öffentlichkeitsarbeit und meinem makellosen Lebenswandel ab. Vielleicht eher von meiner Ehrlichkeit, zuzugeben, dass ich nicht immer das bestdekorierte Schaufenster für das Wirken Gottes bin.

Es hängt nicht von meiner guten Öffentlichkeitsarbeit ab, ob Menschen ihr Herz für den lebendigen Gott öffnen.

Gott hat sich über Ismael noch mehr Gedanken gemacht. Der Engel redet weiter, die Bilder gewinnen an Kontur. »Und er, er wird ein Mensch wie ein Wildesel sein; seine Hand gegen alle und die Hand aller gegen ihn, und allen seinen Brüdern setzt er sich vors Gesicht« (1. Mose 16,12). Eine Sportskanone also. Ein Outdoor-Typ, ein Kämpfer, ein Gewinner, ganz oben im Ranking der Spitzenreiter. Er wird all das sein, was Hagar nicht war. Welches Mutterherz schlägt hier nicht höher? Vorbei ist jede Resignation, jede Hoffnungslosigkeit und Verzweiflung. Der Engel hat Hagar auf ganz andere Gedanken gebracht.

Die Zuhörerin, die damals Anstoß an meiner Rede über Hagar nahm, erinnerte mich energisch daran, dass Hagars Geschichte nicht heilsgeschichtlich relevant sei. In gewissem Sinne musste ich ihr recht geben. Ismael war im Wirken Gottes mit seinem auserwählten Volk nicht ursprünglich vorgesehen. In den Ausführungen des Apostels Paulus dient Hagar lediglich als allegorisches Bild für den Gegensatz zwischen Sklaverei und Freiheit, zwischen Fleisch und Geist, zwischen Willkür und Verheißung. Das macht Paulus in seinem Brief an die Galater deutlich:

> Denn es steht geschrieben, dass Abraham zwei Söhne hatte, einen von der Magd und einen von der Freien; aber der von der Magd war nach dem Fleisch geboren, der von der Freien jedoch durch die Verheißung. Dies hat einen bildlichen Sinn; denn diese Frauen bedeuten zwei Bündnisse: Eines vom Berg Sinai, das in die Sklaverei hinein gebiert, das ist Hagar ... Das Jerusalem droben aber ist frei, und das ist unsere Mutter.
>
> *Galater 4,22-26*

Auf den ersten Blick scheint Paulus nichts anderes zu tun, als Hagars Unterlegenheit zu untermauern. Das

Kind der Sklavin wird gegen das Kind der Freien ausgespielt. Das allerdings, was in modernen Ohren wie vorsätzliche göttliche Diskriminierung und eine Abwertung Hagars klingt, ist eine einfache Darlegung der Fakten. Isaak ist der vorgesehene Erbe, Ismael nicht. Umso erstaunlicher ist die Mühe, die Gott sich um Hagar macht – eine Frau, die ungeschützt, unverheiratet, nach menschlichen Maßstäben ohne Wert ist – wie auch die Bedeutung, die er ihrem Sohn in Aussicht stellt. Beides ist undenkbar und skandalös in den frauenverachtenden Kulturen der damaligen Zeit.

Aber wiederum: Genau das ist der Punkt. Gottes Mitgefühl und sein Erbarmen für das Schicksal einzelner Menschen stehen von Anbeginn der Zeit über jeder Agenda, die er verfolgt. Sein Erbarmen *ist* seine Agenda. Seine Gnade ist das Kernthema seiner Heilsgeschichte. Er erwählt zwar ein Volk exklusiv als sein Eigentum, aber dieses Volk soll auch Träger seines göttlichen Segens in eine gebrochene Welt hinein sein. Das ist das Mandat Gottes an Abram und Sarai. Durch sie sollen alle Familien der Erde gesegnet werden (1. Mose 12,3). So gesehen, befindet sich Hagar mitten im Hotspot von Gottes Wirken in der Welt. Sie ist ein Prototyp für das sensationelle Vorhaben Gottes, einen barrierefreien Zugang direkt in die Gegenwart Gottes für alle zu öffnen, die an ihn glauben. Eine Außenseiterin und Ausgestoßene darf mit Staunen entdecken, dass der Schöpfer des

Universums an sie gedacht hat. Ihr Leben wird verwandelt.

Wo wir auch die Bibel aufschlagen, immer finden wir Gott dabei, Außenseitern ein Zuhause zu geben. Hagar ist die Erste aus einer langen Reihe. Später kommt Tamar dazu, die Kanaaniterin, die Judas Sohn Er zur Frau genommen hat und die dafür kämpft, dass die Heilslinie von Juda nicht abgebrochen wird. In diese Linie heiratet bei der Landeinnahme durch Josua auch die Hure Rahab aus Jericho hinein, eine Generation später die Moabiterin Ruth. Jesus führt diese Tradition der Inklusivität nahtlos weiter und erregt damit immer wieder Anstoß bei seinen jüdischen Zuhörern, die Heilsgeschichte als exklusives Monopol für das jüdische Volk betrachten. Er heilt die Tochter einer Heidin aus Phönizien, er hilft einem verzweifelten römischen Hauptmann, er sendet seine Jünger in die ganze Welt, auch zu den Heiden, um das Evangelium zu predigen. Gerade das ist Heilsgeschichte. Heil für die ganze Welt, und Gott benutzt die Linie Abrahams dazu, um letztlich die ganze Welt zu erretten. Er liebt, weil er liebt, weil es seine Natur ist, zu lieben. Er kann nicht anders.

Eine Außenseiterin darf mit Staunen entdecken, dass der Schöpfer des Universums an sie gedacht hat.

Die Initiative, das Verdienst, die Mühe, die Gnade, die verschwenderische Liebe, die keine Kosten kennt: All diese Tugenden gehen hundertprozentig auf Gottes Konto. Er antwortet auf verzweifelte Rufe, weil auch das seine Natur ist. Über hungrige Herzen, die nach ihm schreien, erbarmt er sich gern. Wir finden in ihm nicht einmal den leisesten Anklang von Berechnung oder Diskriminierung, keine der Fragen, die wir uns heimlich stellen, wie: Lohnt sich diese Investition? Bringt das etwas? Was werden die Leute denken? Was ist der Mehrwert dieser Aktion?

Eine verschwenderische Liebe, die keine Kosten kennt, geht hundertprozentig auf Gottes Konto.

Schauplatz Wüste

Hagars Begegnung mit Gott ist ein Abbild dessen, was Gott mit seiner ganzen Schöpfung vorhat. Ihre Geschichte ist ein bewegendes Anschauungsmaterial, das die Erlösung einer verlorenen Seele darstellt. Sünde, Verzweiflung, Verbannung, gefolgt von Rückkehr, Buße und Wiederherstellung. Die Geschichte in 1. Mose 16 ist wie ein Gleichnis, das an vielen anderen Stellen im Wort Gottes wieder aufgegriffen wird.

Die Wüste dient immer wieder als Bild für die Suchaktionen Gottes nach Seelen, die nach ihm rufen, nach Orten der besonderen Begegnung mit ihm:

> Er fand ihn (d.h. Jakob, symbolisch für das Volk) im Land der Wüste und in der Öde, im

> Geheul der Wildnis. Er umgab ihn, gab acht auf ihn, er behütete ihn wie seinen Augapfel.
>
> *5. Mose 32,10*

> Siehe, ich werde sie locken und sie in die Wüste führen und ihr zu Herzen reden.
>
> *Hosea 2,16-17*

> ... in der Wüste, wo du gesehen hast, dass der HERR, dein Gott, dich getragen hat, wie ein Mann seinen Sohn trägt ...
>
> *5. Mose 1,31*

Sogar Jesus besteht seine erste heftige Kampfprobe mit dem Teufel in der Wüste (Matthäus 4). Dieser Zusammenstoß ist eine Neuinszenierung der Versuche Satans, den ersten Menschen, Adam, zu Fall zu bringen. Beim zweiten Adam scheitert dieser Versuch.

Jesus antwortet mit einem entschiedenen Nein auf die verlockende Einladung des Feindes, auf eigene Faust glücklich, erfolgreich und siegreich zu sein, sich abzukoppeln von seinem Vater, das Kreuz zu umgehen, selbst Gott zu sein. »Dann verlässt ihn der Teufel, und siehe, Engel kamen herbei und dienten ihm« (Matthäus 4,11). Zitternd und geschwächt von diesem inneren Kampf auf Leben und Tod, wird Jesus von Engeln in den Arm genommen. Vielleicht wird er, wie Elia, der Gott auch in der Wüste begegnet ist, mit Speise aus dem Himmel gestärkt, mit einem Zuspruch aus dem Mund seines Vaters aufgerichtet, bevor er auf die erste Station seines ereignisreichen Predigtdienstes zugeht.

Aus diesen Stellen wird klar, dass eine Wüste, auch die symbolische Wüste einer Zeit der geistlichen oder seelischen Dürre, nie eine Endstation für jemanden ist, der Gott begegnet. Für ein Kind Gottes gibt es immer ein Zurück. Nach der Rede des Engels wird aus der verzweifelten Hagar eine Anbeterin: »Da nannte sie den Namen des HERRN, der zu ihr geredet hatte: Du bist ein Gott, der mich sieht!« (1. Mose 16,13). *El Roi:* Ehrfurcht und Staunen klingen bei diesen Worten mit. Als ob sie sich die Augen reiben und den Kopf schütteln würde, um sicherzustellen, dass sie nicht geträumt hat. Die Schriftstellerin Yvonne Schwengeler beschreibt die Verwandlung Hagars so:

> Die Verlorene wird gefunden, die Entrechtete wird geadelt durch diese Begegnung. Sie bekommt Hoffnung und Zukunft. Deshalb kann sie den Weg zurück gestärkt im Glauben gehen. Die Umstände sind nicht mehr so wichtig. Weil ER da ist.[1]

»Habe ich nicht auch hier hinter dem hergesehen, der mich angesehen hat?« (1. Mose 16,13), fügt Hagar hinzu. In der Neues-Leben-Bibel wird das so übersetzt: »Da nannte Hagar den Herrn, der zu ihr gesprochen hatte, El-Roï. Denn sie sagte: ›Ich habe den gesehen, der mich sieht!‹« Hier wird auch die zweite Deutung von *El Roi* sichtbar, nämlich, dass Gott sich sehen lässt.[2]

Der Name, der dem Brunnen gegeben wird, an dem Hagar die Begegnung mit dem Engel hat, bestätigt das Geschehen noch einmal: *Beer-Lachai-Roi* – Brunnen des Lebendigen, der mich gesehen hat. Bezeichnend ist der Anfang des Satzes: »Darum nennt man den Brunnen: Beer-Lachai-Roi« (1. Mose 16,14). Wir wissen nicht, ob die Idee für den Namen direkt von Hagar stammt oder nicht. Auf jeden Fall ist er mehr als die persönliche Widmung einer einsamen Reisenden am Wendepunkt ihres Lebens. »Man« nennt ihn so. Die Geschichte macht die Runde, Hagars Begegnung mit Gott wird weitererzählt, das Erleben findet seinen Platz in den örtlichen Archiven und wird in einem Ortsnamen auf der Landkarte verewigt.

Hagars Rückkehr nach Mamre geschieht ohne Zwischenfall. Durch die Verheißungen für ihren ungeborenen Sohn gestärkt und beflügelt, folgt sie den Anweisungen des Engels. Wenn Gott schon jetzt einen genauen Plan für die Zukunft des Kindes vor Augen hat, dann wird diese Geburt wohl zustande kommen. So kann die abgelehnte Sklavin der Sarai, nachdem sie in die Gegenwart Gottes hineingestolpert ist, nun erhobenen Hauptes als die von Gott Gesehene zurückgehen an den Ort, wo sie gedemütigt wurde. Gott selbst passt auf sie auf, bürgt für ihre

Sicherheit. Diese Erkenntnis reicht, um den bevorstehenden Unsicherheiten ins Gesicht zu schauen und einfach zu vertrauen.

So gerne wäre ich eine Fliege an der Zeltwand gewesen, als Hagar wieder erschienen ist. Wie hat Sarai reagiert? Welche Gespräche wurden geführt? Welche Erklärungen hatte Hagar zu bieten? Aber die Bibel schweigt dazu. Alles, was wir erfahren, ist: Sie »gebar dem Abram einen Sohn; und Abram gab seinem Sohn … den Namen Ismael« (1. Mose 16,15). Ismael – der Wunschname Gottes für den Jungen und ein Hinweis darauf, dass Abram Hagars Bericht von ihrer Begegnung in der Wüste vollen Glauben geschenkt hat.

Gott passt auf. Das reicht, um den Unsicherheiten ins Gesicht zu schauen.

Hagars Probleme sind mit der Geburt von Ismael alles andere als vorbei. Aber für ihren nächsten Lebensabschnitt ist erst einmal gesorgt. Erst wenn Ismael ein Teenager geworden ist, hören wir wieder von ihm und seiner Mutter. Zumindest bis dahin bringt Hagar es fertig, sich zu demütigen und ihren Aufgaben als Magd Sarais und Versorgerin des Neugeborenen nachzugehen, während Ismael die Jahre seiner Kindheit als Erbe des Patriarchen und rechtmäßiger Sohn von Abram und Sarai verbringt. Dreizehn Jahre lang herrscht Funkstille zwischen Gott und Abram. Mit 86 Jahren hat Abram seinen Sohn Ismael bekommen, und Gott meldet sich erst wieder, als er 99 Jahre alt ist. Zu dieser Zeit rechnet niemand mehr mit der Aussicht, dass Sarai einen leiblichen Sohn zur Welt bringen könnte. So wird Ismael wohl Gottes Lösung gewesen sein.

Aber ein neuer, entscheidender Begriff hat sich fast unbemerkt in den Wortschatz der Heilsgeschichte geschlichen. *El Roi,* der Gott des Sehens, der Gott, der mich sieht. Es steckt Dynamit in diesem kurzen Doppelwort. Nicht, dass Gott sich bisher versteckt gehalten hätte. Kain, Abel, Henoch, Noah, Abram – alle diese Männer hatten Gespräche mit Gott. Es ist die Vertrautheit, die Intimität dieser Begegnung, die heraussticht, wie auch die Identität der Person, auf die Gott sich einlässt. Erstmals eine Frau, eine Außenseiterin. Und gerade diese neuen Aspekte der Offenbarung Gottes in der *El-Roi*-Geschichte sind von starker Bedeutung!

II.

El Roi
hier unerwünscht – das große Versteckspiel

Eine Scham, die in den Schatten treibt

Für die ersten Menschen im Paradies ist *El Roi* ein Dauerzustand. Adam und Eva leben im Licht Gottes, in vollkommener Harmonie mit ihrem Schöpfer. Sie kennen nichts anderes. Die vielen Dinge, die unsere Seele tagtäglich bedrücken, sind bei ihnen Fremdwörter. Unvorstellbar. Das Gefühl, dass mir etwas vorenthalten wurde, die Enttäuschung, übersehen oder nicht beachtet zu werden: Das gibt es in Gottes Paradies nicht. Auch nicht das Gefühl, dass alle anderen das bessere Los im Leben gezogen haben. Den Gedanken »das ist doch unfair« kennt man nicht. Auch nicht Schmerz, Einsamkeit, Trauer, Zukunftsängste, Verrat: Alles, was Tränen bringt, die keine Freudentränen sind, ist in Gottes Welt unbekannt. So auch unbedachte, abfällige Blicke, zickige Kommentare, Notlügen, Gewalttaten, Mord, Vergewaltigung, Kriege. Nicht einmal Dornen und Disteln gibt es hier. Keiner hat es nötig, anzugeben, nach Zuwendung zu suchen, zu nörgeln, zu klagen oder zu manipulieren und Vorteile für sich zu suchen, weil alle vollkommen versorgt sind. Die Bewohner dieser Gärten wissen nicht, wie Blut aussieht, weil es kein Blutvergießen gibt. Atemberaubend schöne Garten- und Park-Landschaften blühen, wo man nur hinschaut. Eden ist ein Außenposten des Himmels. Hier soll die Herrlichkeit Gottes wuchern, gedeihen, immer mehr Raum einnehmen, immer wieder neue Ausdrucksformen finden und unter der Regie des ersten Ehepaares mit weiteren Ebenbildern Gottes bevölkert werden. Ungetrübte Gemeinschaft mit Gott ist ihre Lebensquelle, die Spaziergänge mit ihm in der Kühle des Abends vermutlich der Höhepunkt des Tages. Sie werden von Gott gesehen und sie lieben es, von Gott gesehen zu werden.

Bis zu jenem Tag, an dem alles anders wird. »Und sie hörten die Stimme des HERRN, Gottes, der im Garten wandelte bei der Kühle des Tages« (1. Mose 3,8). Dieses Mal erfolgt kein Freudenschrei, kein begeistertes Aufeinandertreffen von Freunden, die es kaum erwarten können, sich wiederzusehen, kein fröhlicher Austausch über die Ereignisse des Tages, durchsetzt mit Lachsalven und Lebensfreude. Nicht weil Gott sich verstecken oder keine Ausschau nach ihnen halten würde oder seine Verabredung mit ihnen vergessen hätte, sondern weil sie sich verstecken und auf einmal Angst haben ausgerechnet vor der Begegnung, die sie bisher über alles glücklich gemacht hat. Der Mensch will nicht mehr von Gott gesehen werden. Gott ist derjenige, der sucht, er ist der Initiator, der Liebhaber, dessen Herz vor Sehnsucht und Schmerz am

Gott ist derjenige, der sucht, der Liebhaber, dessen Herz vor Sehnsucht am Zerbrechen ist.

Zerbrechen ist. Aber ins Leben der ersten Menschen hat sich etwas Neues eingeschlichen: Ein schlechtes Gewissen. Vertrauensbruch. Scham. Wie konnte so etwas geschehen in einer Welt, die bis zu diesem Punkt von Bosheit unberührt war?

Ein Widersacher ist schon vor der Schöpfung der Welt am Werk, der sich in allen jenen Grundstimmungen des Lebens gründlich auskennt, die auch wir nur zu gut kennen: Neid, Ehrgeiz, Diebstahl, Lüge, Misstrauen, Machtmissbrauch und Gewalt. Diese Dinge sind seine Natur, seine Identität, seine Erfindung. Hass ist seine Spezialität. Hass, der nach Beute sucht. Satan, schon vor Grundlegung der Welt der Erzfeind Gottes, hat ein Auge auf Gottes vollkommene Welt geworfen und Pläne geschmiedet, diese Welt in Besitz zu nehmen und für seine Zwecke zu missbrauchen. Er hat eine Schwachstelle gefunden, an der er ansetzen kann. Geschöpfe, die einen freien Willen haben und aus freiem Wunsch ihrem Schöpfer dienen, sind verführbar. Freiwillige Hingabe bedeutet Verwundbarkeit. Wer aus freien Stücken Liebe übt, kann auch aus freien Stücken diese Liebe verweigern. Ein Baum, dessen Frucht Adam und Eva nicht essen dürfen, die Anziehungskraft verbotener Reize, ein verführerisches Geflüster, ein paar Halbwahrheiten, und der Plan geht auf. Punktlandung für den Teufel. Ihm geht es dabei nicht in erster Linie um die berühmte Frucht, an der das erste Menschenpaar sich bedient. Das, was Adam und Eva sich erlauben, ist viel gravierender als das. Der verlockende Duft vom Baum ist nur der Anlass. Sie hintergehen ihren Schöpfer in einem massiven Vertrauensbruch und fallen auf jene Verlockung des Feindes herein, die bis heute ganze Gesellschaften in den Abgrund treibt, Kriege verursacht, Familien auseinanderzerrt, Morde an Unschuldigen rechtfertigt und für jede Art von Zerstörung verantwortlich ist. »Ihr werdet sein wie Gott«, hat die Schlange ihnen mit funkelnden Augen ins Ohr gesäuselt. Mündig, selbstständig, niemandem Rechenschaft schuldig, freie Wesen, unterwegs in einer freien Welt, mit Zugang zu einem besseren, aufgeklärteren Glück. Nicht mehr von Gott gesteuert. Ein Rezept für die Hölle.

Die Bruchlandung lässt nicht lange auf sich warten. Adam und Eva stellen fest, dass es Konsequenzen hat, wenn man selbst Gott sein will – Konsequenzen, die mit Freiheit gar nichts zu tun haben. Ein Gefühl, das ihnen bisher unbekannt war, findet Einzug in die herrliche Welt, die Gott für sie geschaffen hat: Scham, mit allem, was dazugehört. Nacktheit. Der nervöse Blick, der ängstlich um sich schweift. Das Gefühl, bloßgestellt zu sein. Die Angst, verfolgt, entlarvt zu werden. *El Roi* ist jetzt das Letzte, was sie wollen. Sie decken sich mit hastig zusammengeworfenen Zweigen und Blättern zu und verkriechen sich. Es bleibt ihnen nur die fieberhafte Suche nach irgendeinem finsteren Winkel übrig, in dem sie sich verstecken können. Sie haben vergessen, dass die Seele eines geschaffenen Wesens nur in Verbindung mit ihrem Schöpfer frei atmen kann. Im irrtümlichen Glauben, dass sie ihr Schicksal selbst schmieden können, koppeln sie sich von diesem Schöpfer ab, und somit von seiner Fürsorge und seiner Führung, und treiben auf dem freien Meer wie ein Schiff ohne Anker und Kompass, sind Freiwild für jede plündernde Macht, die nach Beute sucht.

Beim Lesen dieser tragischen Geschichte in 1. Mose 3 hat man den Eindruck, dass Adam und Eva keine Ahnung haben, was sie mit ihrer Tat angerichtet haben. Vermutlich wollen sie davon auch gar keine Ahnung haben. Auch das ist eine Folge von Sünde. Zeichen von Einsicht oder Reue gibt es keine. Hier wird klar, wie niederträchtig der Verrat wirklich ist. Adam meint doch tatsächlich, er habe nichts falsch gemacht. Es sei die Frau gewesen. Die Frau weiß auch von keiner Schuld. Sie zeigt auf die Schlange. Und letztlich soll alles Gottes Schuld sein, weil er die Frau gemacht und die Schlange in den Garten gelassen hat.

Die Bibel nennt dieses ganze Geschehen den Sündenfall. *El Roi* – der Gott, der uns sieht, ist von nun an unerwünscht. Er könnte etwas Unbequemes zu sagen haben. Er könnte modrige Schichten in meinem Herzen aufdecken, die an die frische Luft sollten und gereinigt werden müssen, die ich aber lieber zugedeckt halten will. Er könnte meine dunkelsten Grübeleien dem Tageslicht aussetzen.

Einen Lichtstrahl auf meine wildesten Träume und Fantasien werfen. Die Schadenfreude beleuchten, wenn jemandem, den ich nicht mag, etwas Dummes passiert. Oder die Belustigung, wenn derjenige, der immer so stark auf sein Image setzt, sich einmal blamiert. Oder die Versuchung, es jemandem heimzuzahlen, der mir wehgetan hat. Die Fluchtgedanken, wenn mir etwas zu eng und anstrengend wird, das Lästern, Schimpfen, Manipulieren. Nein, Gott als *El Roi* möchte ich lieber zu meinen Bedingungen haben, mit einem Aus- und Einschaltknopf versehen. Einschalten, wenn ich ihn brauche, um meine Not zu lindern, um mich aus dem Loch zu holen, wenn ich etwas vermasselt habe. Da ist *El Roi* gut. Ausschalten, wenn mein Gewissen mich daran erinnert, dass ich eine Rechnung offen habe und mich entschuldigen muss. Einige der spannendsten biblischen Geschichten handeln von Menschen, die über das scharfe Adlerauge Gottes über ihrem Leben nicht so froh waren wie Hagar. Drei davon wollen wir anschauen.

1. Kain – der Mann, der selbst über Tod und Leben entscheiden will

Kain, der Sohn Adams, hat guten Grund, sich nicht zu sehr auf innige Gespräche mit Gott einzulassen, nachdem ein Neid gegen seinen Bruder Abel sich tief in seiner Seele eingenistet hat. Dem ersten Mord in der Weltgeschichte geht sicher eine lange Vorgeschichte voraus. Vielleicht fängt der typische Konkurrenzkampf zwischen den Brüdern ganz unschuldig an. Kräftemessen als kleine Jungs? Ist Abel etwa der kleine Sonnenschein der Familie, Kain verbissen und ehrgeizig, schwieriger zu erziehen? Ist Abel dem Herrn mehr zugewandt, Kain der Egoist, der die Gunst Gottes auf die billige Tour haben will? Irgendwo wird dieser abgrundtiefe Hass, dieser grenzenlose Neid angefangen haben. Beide sind Landwirte, wie alle Erdbewohner zu der Zeit. Sie arbeiten auf dem Feld. Banaler Arbeitsalltag, nicht viel anders als bei uns. Kain ist Fachkraft für Gemüse- und Getreidebau, Abel ist Viehhirte. Streit und Spannungen hängen in der Luft, als beide Männer Gott ihre Opfer bringen.

»Und der Herr blickte auf Abel und auf seine Opfergabe; aber auf Kain und auf seine Opfergabe blickte er nicht«, lesen wir in 1. Mose 4,4-5. Vermutlich ist Gott dem jüngeren der beiden Söhne deshalb wohlgesonnen, weil dieser »von den Erstlingen« seiner Herde und von ihrem Fett bringt – also die besten Teile. Kain bringt halt Gemüse. Irgendwelches Gemüse. Klingt eher beiläufig, halbherzig. Einen Gott, der das sieht, was ich geleistet habe, der mich bestätigt und mir für meinen Obolus Anerkennung zollt, mir sagt, wie toll ich bin: So einen *El Roi* will Kain. Seine Reaktion auf die göttliche Missachtung seines Opfers offenbart den wahren Grund, warum Gott so ein Opfer nicht annehmen kann. Dreist, frech, völlig respektlos ist sein Umgang mit dem Herrn. Er wird zornig, rastet aus und trotzt voller Arroganz der energischen Warnung Gottes, der Sünde nicht nachzugeben, die an seiner Tür lauert. Nach dem Mord an Abel zeigt er keine Reue, dafür aber eine reichliche Portion Dickköpfigkeit – »Bin ich meines Bruders Hüter?« (1. Mose 4,9) – und nach Gottes Gerichtsurteil Selbstmitleid: »Zu groß ist meine Strafe, als dass ich sie tragen könnte« (1. Mose 4,13). Dieser sehende Gott ist ihm alles andere als recht. Der Gott, der sieht, wie das Blut seines Bruders vom Ackerboden her schreit, der Gott, der auch ihn, wie einst seine Eltern, in die Verbannung schickt, um weiterem Schaden vorzubeugen: »Unstet und flüchtig sollst du sein auf der Erde« (1. Mose 4,12).

So wiederholt sich die Tragödie Edens gleich in der nächsten Generation. Kain hat seine Chance verpasst, selbst in einer gefallenen Welt eine Beziehung mit seinem Schöpfer zu haben. Das Erstaunliche in dieser Geschichte ist die Hartnäckigkeit, mit der Gott seinen abtrünnigen Geschöpfen hinterherläuft. Bald nach Adams und Evas Verbannung aus Eden sind überall göttliche Fußspuren auf dem von Disteln und Dornen übersäten Boden zu sehen. Gott geht nicht mehr in der Kühle des Abends

Das Erstaunlichste ist die Hartnäckigkeit, mit der Gott seinen abtrünnigen Geschöpfen hinterherläuft.

in seinem schönen Garten spazieren. Stattdessen macht er sich gleich an die Aufgabe, gefallene Menschen vor den Folgen ihrer Sünde zu schützen. Selbst nach dem niederträchtigen Verrat von Eden hat er die Menschheit nicht aufgegeben. »Denn des Herrn Augen durchlaufen die ganze Erde, um denen treu beizustehen, deren Herz ungeteilt auf ihn gerichtet ist« (2. Chronik 16,9). Bei Abel fallen diese göttlichen Augen auf einen Mann, der nach Gottes ausgestreckter Hand gegriffen hat. Eden ist zwar vorbei, aber der Zugang zu Gott besteht weiter. Die erstaunlichste Liebesgeschichte aller Zeiten, die Suche Gottes nach der verlorenen Menschheit, fängt jetzt erst richtig an. Selbst Kain in seiner Rebellion wird von dem sehenden Gott nicht im Stich gelassen. Kain, der sich nichts dabei dachte, seinen eigenen Bruder zu erschlagen, der nun aber wie ein schmollendes Kleinkind in Panik ausbricht: *»Jeder, der mich findet, wird mich erschlagen«* (1. Mose 4,14). Doch er unterschätzt die Fürsorge Gottes: »Nicht so, jeder, der Kain erschlägt – siebenfach soll er gerächt werden! Und der HERR machte an Kain ein Zeichen, damit ihn nicht jeder erschlug, der ihn finden würde« (1. Mose 4,15). Sogar in seinem selbstverschuldeten Exil kann der Flüchtling und Verbrecher Kain mit der Hilfe eines schützenden und fürsorglichen Schöpfers rechnen.

Was sieht Gott, wenn er auf unser Leben blickt? Gehen wir mit ihm so um, wie wir oft mit Menschen umgehen – bestrebt, nur die Aspekte unseres Lebens zu zeigen, die sich sehen lassen können? Profilbilder, die uns im günstigsten Licht erscheinen lassen? Schreiben wir aus unserem Leben eine Erfolgsstory, um Gott und die Welt zu beeindrucken, oder darf Gott dorthin schauen, wo er hinschauen möchte, wo es aber vielleicht nicht so schön aussieht? Darf er seinen Finger auf die wunden Stellen legen, sein Licht in die finsteren Winkel hineinleuchten lassen, wo Sünde auch bei uns vor der Tür lauert? Vielleicht ist folgendes Gebet eine Hilfe:

Darf Gott sein Licht in die finsteren Winkel hineinleuchten lassen, wo Sünde auch bei uns vor der Tür lauert?

> *El Roi*, du, der Gott, der mich sieht, bitte schaue in mein Leben hinein, auch in die Räume meiner Seele, die nach außen hin nicht sichtbar sind, die ich vor Menschen gerne verberge, die ich mit flotten Sprüchen gerne überspiele. Du schaust nicht, um zu verurteilen, du schaust, um zu heilen und wiederherzustellen. Denn das, was in der Dunkelheit bleibt, ist das, was mich letztendlich zerstört.

Die Geschichte von Kain ist ernüchternd. Neid, Hass, Undankbarkeit, Unreinheit, die ungehindert an unserer Tür lauern, werden uns irgendwann komplett beherrschen. Wer klug ist, zieht rechtzeitig die Notbremse und bittet den Herrn um seine Hilfe. König David hätte gerade für Kain einen guten Rat gehabt: »Ich tat dir kund meine Sünde und deckte meine Schuld nicht zu. Ich sagte: Ich will dem HERRN meine Übertretungen bekennen; und du, du hast vergeben die Schuld meiner Sünde« (Psalm 32,5). Kurz darauf folgt der Trost spendende, Mut machende Zuspruch des Herrn: »Ich will dich unterweisen und dich lehren den Weg, den du gehen sollst; ich will dir raten, mein Auge ist über dir« (Psalm 32,8).

2. Jona – Der Diener Gottes, der schwänzen will

Der Prophet Jona hat andere Gründe als Kain, dem Blick Gottes so weit wie nur möglich zu entfliehen. Sogar in die entgegengesetzte Richtung. Ein bisschen kann man ihn verstehen. Der Auftrag, den er ausführen soll, ist hochgradig brisant. Der Journalist und Historiker Dr. Markus Spieker beschreibt diesen Auftrag in seinem historischen Kontext so:

> Jona soll zu den Angstgegnern der Israeliten gehen, den Assyrern, und eine göttliche Warnung überbringen. Ausgerechnet dieser bru-

> talen Supermacht, die Israel allmählich die Luft abschnürt, und deren Könige sich ihrer Verbrechen gegen die Menschlichkeit brüsten! […] Kein Wunder, dass Jona kneift.[3]

Die assyrischen Foltermethoden hätten in ihrer Grausamkeit sogar mit denen der Römer konkurrieren können. *El Roi* ist angenehm für Jonas bequemen Job als Seher am Hof des Königs, dem er nur das sagen muss, was dieser sowieso gerne hören will. Aber der Befehl, direkt in die Höhle des feindlichen Löwen hineinzumarschieren? Das geht nun wirklich zu weit. Jona kauft auf der Stelle ein Ticket für eine Schiffsreise nach Spanien. Seine Begründungen werden ähnlich gewesen sein wie unsere in Umständen, die weit harmloser sind: Ach, das war nur ein Hirngespinst, das kann doch unmöglich von Gott sein. – So was kann Gott unmöglich von mir wollen. Ich habe doch eine Familie zu versorgen. – Ich soll diese Aufgabe übernehmen? Diese heidnischen Schwerverbrecher zur Umkehr rufen? Auch noch öffentlich? Kommt gar nicht infrage!

Was Jona am wenigsten schmeckt, ist der skandalöse Gedanke, dass Gott für die verhassten Assyrer etwas übrighat. Dass er sogar so viel für sie übrighat, dass er auch sie gerettet sehen will. Das widerstrebt zutiefst dem Exklusivitätswahn des jüdischen Patrioten Jona. Er will seinen Gott für sich behalten und vergisst, dass Gottes Blick und seine Liebesbereitschaft den ganzen Erdkreis umfassen. Durch Abraham sollte nicht nur ein kleines ausgewähltes Volk gesegnet werden, sondern alle Völker der Erde.

Eine Warnung von König David an Jona hätte vielleicht so gelautet:

> Wohin sollte ich gehen vor deinem Geist, wohin fliehen vor deinem Angesicht? Stiege ich zum Himmel hinauf, so bist du da. Bettete ich mich bei dem Scheol, siehe, du bist da. Erhöbe ich die Flügel der Morgenröte, ließe ich mich nieder am äußersten Ende des Meeres, auch dort würde deine Hand mich leiten und deine Rechte mich fassen.
>
> *Psalm 139, 7-9*

Dieser Vers, mit dem wir gerne Trostkärtchen verzieren, wäre für Jona eine Horrornachricht. Aber auch Jona, wie Kain, unterschätzt Gottes Hartnäckigkeit. Auf dem Weg zum »äußersten Ende des Meeres« holt Gott ihn ein mithilfe eines schweren Gewitters auf offener See, einer Crew von Seefahrern, die Gottes Art zu wirken besser begreifen als sein Prophet, einer dreitägigen Spritztour im Bauch eines großen Wals und einer nassen Bruchlandung an der Küste, auf die er ursprünglich hinsteuern sollte. Die Geschichte hat schließlich

Gott holt Jona ein mithilfe von Seefahrern, die Gottes Art zu wirken besser begreifen als sein Prophet.

ein Happy End. Die Assyrer sind tatsächlich von Jonas Predigt tief getroffen, wenden sich zu Jonas Empörung dem Gott Israels zu und freuen sich über eine göttliche Rettung und eine zweite Chance. Der Botschafter dieser Rettung freut sich dagegen überhaupt nicht und sieht nicht ein, warum Gott zu Menschen nett sein soll, die er – und sein ganzes Volk – nicht leiden kann. Wieder geht ihm Gott nach, findet ihn draußen in der Wüste heulend unter einer Rizinuspflanze, die Gott selbst als Schatten für ihn bestellt hat, und stellt ihn zur Rede. »Und ich, ich sollte nicht betrübt sein wegen der großen Stadt Ninive, in der mehr als 120 000 Menschen sind, die nicht unterscheiden können zwischen ihrer Rechten und ihrer Linken …?« (Jona 4,11).

Jona muss eines lernen: Als Diener und Sprachrohr Gottes arbeitet er im Auftrag Jahwes und nicht zu seinen eigenen Bedingungen. Gottes Vergebung und Liebe für Ninive haben das letzte Wort, ob es Jona passt oder nicht. Denn Gott hat etwas Wichtigeres im Blick als Jonas Bequemlichkeit und seinen abgesicherten Lebensentwurf. Seine viel größere Sorge ist das Schicksal eines ganzen Volkes, das aufgrund seiner Gottlosigkeit vor dem Untergang steht und wenigstens gewarnt werden soll. *El Roi* – immer am Werk, immer suchend, immer unterwegs in einer gebrochenen Welt, heilend, verkündigend, liebend. Wer ihm dienen will, muss diese Sorge teilen und mittragen.

3. Hiob – Der Leidende, der von Gott in Ruhe gelassen werden will

Kain verblüfft und ärgert mich. Wie kann man so klar die Stimme Gottes hören, so eindeutig gewarnt werden, und doch das genaue Gegenteil von dem tun, was Gott sagt? Jona amüsiert mich, weil Gott mit ihm so humorvoll väterlich umgeht wie mit einem trotzigen Kleinkind. Es gibt einen weiteren Mann in der Bibel, der das fragwürdige Privileg hat, unter dem scharfen Auge Gottes zu landen, und das ist Hiob. Dieser Mann ärgert mich nicht, noch amüsiert er mich. Er bricht mir das Herz. Weil er völlig unschuldig ins Blickfeld Gottes rutscht und nichts davon ahnen kann, dass sein Schicksal Teil einer viel größeren Geschichte ist. Durch seine Frömmigkeit wurde Satan auf ihn aufmerksam, und der alte Gegner Gottes will nun das gleiche Spiel mit ihm treiben wie einst mit Adam und Eva. Aber er will Hiob nicht auf die Probe stellen mit einer leckeren Frucht, die vor seiner Nase baumelt, sondern ihm all die leckeren Früchte wegnehmen, die er in einem Leben der Gottesfurcht und der Aufrichtigkeit angesammelt hat. Nimm ihm alles weg, was er hat, seine Familie, seine Gesundheit, und dann schau, ob er dich noch mag und dir noch vertraut – so etwa lautet der Deal, den Satan mit Gott schließt. Gottes Antwort: Dann probier's (Hiob 1). So wird Hiob von einer Kette von Desastern heimgesucht, die ihm alles, was seinem Leben Wert gibt, unter den Füßen wegziehen. Schließlich finden wir ihn allein, außerhalb der Stadt – dort, wo die Tierexkremente und der Müll verbrannt werden – schwer krank, von seiner Ehefrau verflucht, von seinen Freunden belehrt und verurteilt, brüllend vor Schmerz. Dass so viele Katastrophen fast zeitgleich im Leben eines Mannes aufeinandertreffen, das hat es vermutlich noch nie gegeben. Das Wort »Hiobsbotschaften«, das sogar in den Volksmund übergegangen ist, ist wohl ein besonders beschönigender Euphemismus.

Hiob wirft sich auf die einzige Sicherheit, die ihm noch übrig geblieben ist, und widersteht damit der Aufforderung seiner Frau, dass er Gott doch verfluchen und sich auf seinen Tod einstellen soll. Stattdessen lässt er sich auf einen zermürbenden Dialog mit Gott ein und wendet sich an ihn mit den Fragen, die ihn quälen. Was hat Gott davon, ihn mit seinem unbedeutenden Leben in die Mangel zu nehmen und mit ihm ein Exempel zu statuieren. Wofür? Ist er es wert? Was soll das Ganze? Kann Gott ihn nicht wenigstens in Ruhe lassen? Womit hat er, Hiob, das alles verdient? Ist er nicht zu unwichtig, um als Zielscheibe für irgendwelche kosmischen Wurfspiele herzuhalten?

> Lass ab von mir! Meine Tage sind nur noch ein Hauch. Was ist der Mensch, dass du ihn groß achtest und dass du dein Herz auf ihn richtest und ihn alle Morgen heimsuchst, ihn

alle Augenblicke prüfst? Wie lange noch willst du nicht von mir wegblicken, nicht einmal solange von mir ablassen, bis ich meinen Speichel heruntergeschluckt habe? ... Was tat ich dir an, du Wächter der Menschen? Warum hast du mich dir zur Zielscheibe gesetzt ... Denn nun werde ich mich in den Staub legen, und suchst du nach mir, so bin ich nicht mehr.

Hiob 7,16-21

Es wäre anmaßend, Krisen in unserem Leben nur annähernd mit der Lage zu vergleichen, in der Hiob sich befindet. Aber wie oft habe auch ich gebetet: »Herr, ich bin zufrieden, wenn du mich einfach nicht beachtest. Ich muss nicht wichtig sein für dich, ich muss nicht in deinem Dienst stehen. Andere können es sowieso besser. Ich bin froh, wenn ich nur mit meiner Familie zusammen ein ruhiges Leben führen darf und für dich nicht allzu wichtig bin!« Und dabei weiß ich sehr wohl, dass ich das nur aus dem Affekt bete. Von Gott unbeachtet zu bleiben, ist das Schlimmste, was mir passieren kann. Auf seinem Radarschirm zu sein, das Beste, was mir passieren kann!

Auf Gottes Radarschirm zu sein, ist das Beste, was mir passieren kann!

Hiobs herzzerreißendes Gebet ist aber nur der Anfang der Geschichte. Das Erstaunliche an seiner Auseinandersetzung mit Gott ist die ungeschmückte, ehrliche Unverschämtheit, mit der er sich an Gott wendet.

Seine Worte zeugen von der Tiefe des Gottvertrauens, in dem er schon im Vorfeld gelebt haben muss. Gott unterbricht ihn zunächst nicht, meldet sich nicht, lässt Hiob all seine Gedanken sogar aufschreiben, ein Tagebuch des schlimmsten Leidens, das ein Mensch durchmachen kann. Damit gibt Gott auch uns eine Stimme, lässt uns genau die Fragen formulieren, mit denen auch wir die Faust manchmal gen Himmel schütteln mit dem Schrei: »Ist jemand da?« Oder mit der Anklage: »Was machst du den ganzen Tag, Gott?« Das Wunderbare dabei: Wir dürfen diese Fragen stellen. Wir sollen diese Fragen stellen. Wir dürfen Gott beschimpfen, ihn anbrüllen. Er kann es aushalten. Solange wir mit ihm im Gespräch sind. Egal, womit diese Gespräche gefüllt sind, gibt es für uns Hoffnung. Genau das bezeugen auch die Psalmen, in denen König David mit Gott heftig ins Gefecht geht, während er in manch einen Abgrund der Verzweiflung hineinblickt.

> Wann werde ich kommen und erscheinen vor Gottes Angesicht? Meine Tränen sind mein Brot geworden Tag und Nacht, da man den ganzen Tag zu mir sagt: Wo ist dein Gott?
>
> *Psalm 42,3-4*

> Höre, Gott, mein Schreien, horche auf mein Gebet! Vom Ende der Erde rufe ich zu dir, weil mein Herz verzagt.
>
> *Psalm 61,2-3*

Hiob geht einen Schritt weiter und fordert Gott ins Angesicht heraus: »Hast du Menschenaugen, oder siehst du, wie ein Mensch sieht? Sind deine Tage wie die Tage eines Menschen ... dass du nach meiner Schuld suchst ... obwohl du weißt, dass ... niemand da ist, der aus deiner Hand retten kann?« (Hiob 10,4-7). Gott hat es nicht eilig, auf diese qualvollen Schreie eine Antwort zu geben. Ob Hiob zu aufgewühlt ist, um genau hinzuhören, oder ob Gott sich absichtlich Zeit lässt, bis sein Diener sich ausgeheult hat, ist nicht klar. Hiobs Worte sind voller Widersprüche. Einmal: Lass mich doch in Ruhe, ich bin nicht wichtig genug, um bei dir durch die Mühle zu gehen, und dann wieder eine tiefe Sehnsucht nach genau dieser Nähe Gottes, die er aber gleichzeitig verabscheut. Mitten in seinen Klagen sticht ein Vers heraus, der mich aufmerken lässt: »Alle Tage meines Dienstes wollte ich harren, bis meine Ablösung käme! Du würdest rufen, und ich würde dir antworten, nach dem Werk deiner Hände würdest du dich sehnen« (Hiob 14,14-15).

Er träumt von einer anderen Art von Nähe Gottes. Hier ist keine Angst vor dem göttlichen Auge, das missbilligend und zornig auf ein sündiges, gefallenes Herz blickt, sondern die Sehnsucht nach dem besorgten göttlichen Auge, das nach etwas Kostbarem sucht, was verloren gegangen ist. Bemerkenswert ist, dass Hiob an keiner Stelle nach seinem Besitz verlangt. Obwohl er voller Nostalgie auf das gute, alte Leben zurückblickt (Hiob 29), ist seine eigentliche Not eine ganz andere.

»Denn dann würdest du zwar meine Schritte zählen, aber gäbest nicht acht auf meine Sünde! Mein Verbrechen wäre versiegelt in einem Bündel, und du würdest meine Schuld zudecken« (Hiob 14,16-17).

Hiob erkennt, dass ein sündiger Mensch nicht in der Gegenwart eines heiligen Gottes bestehen kann. Gleichzeitig braucht er diese Gegenwart Gottes mehr als alles andere im Leben. Das Spannungsfeld von Eden wird hier noch einmal neu aufgerollt. Wir sehen wieder das Geschöpf, auf den Schöpfer angewiesen, aber von ihm getrennt, das sich qualvoll in seinem Schmerz und seiner Einsamkeit windet. Hiob ist gefangen zwischen den Fronten einer fremd besetzten Schöpfung und eines Schöpfers, der den Anblick von Sünde nicht ertragen kann. Aber mitten in dieser pechschwarzen Finsternis ahnt er etwas, was erst im Laufe der biblischen Erzählungen immer mehr an Klarheit gewinnen soll. Nämlich, dass Gott selbst auch unter dem Zustand leidet. Unglaublich, aber wahr. Wie schön wäre es, denkt Hiob, wenn Gott sich genauso nach mir sehnen würde, wie ich mich nach ihm sehne. Wenn er das, was uns trennt, beiseiteschaffen, das Problem selbst lösen würde, das wir Menschen nicht lösen können. Was er noch nicht ahnt, ist, dass Gott genau das geplant hat, genau das vorhat und schon vor Grundlegung der Welt durchdacht hat, weil er schon bei der Erschaffung der Menschen gewusst hat, dass Adam und Eva den Reizen von Autonomie und vorgetäuschter Freiheit nicht widerstehen werden.

Bedingungslose Heiligkeit trifft im Wesen Gottes auf bedingungslose Liebe. Die Heiligkeit kann Sünde nicht dulden, die Liebe kann den Sünder nicht im Stich lassen. Der Sünder kann aber unmöglich die Schuldenberge beseitigen, die er aufgehäuft hat. »*Da ist kein Gerechter, auch nicht einer*« (Römer 3,10). Wie Gott das Dilemma genau lösen wird, das haben die Propheten und Seher des Alten Testaments nur ansatzweise geahnt. Dass es eine Lösung gibt, haben sie gewusst.

Bedingungslose Heiligkeit trifft im Wesen Gottes auf bedingungslose Liebe.

Auch Hiob dämmert es langsam, dass sein Traum von der Sehnsucht Gottes nach dem Werk seiner Hände kein Hirngespinst ist. Nur zwei Kapitel später gibt er ganz andere Töne von sich als am Anfang seiner Reden. »Siehe, im Himmel ist mein Zeuge und mein Fürsprecher in der Höhe« (Hiob 16,19). Kein »schön-wäre-es« mehr. Aus Wunschdenken ist fester Glaube geworden. Er hat einen Rechtsanwalt, er hat einen Fürsprecher, der ihn vor dem Thron Gottes vertritt. Hiob geht aber noch weiter: »Doch ich weiß: Mein Erlöser lebt; und als der Letzte wird er über dem Staub stehen. Und nachdem man meine Haut so zerschunden hat, werde ich doch aus meinem Fleisch Gott schauen. Ja, ich werde ihn für mich schauen; ... Es gibt einen Richter« (Hiob 19,25-27.29). Hiob ist nicht nur der, der von Gott gesehen

Gottes Heiligkeit kann Sünde nicht dulden, seine Liebe kann den Sünder nicht im Stich lassen.

wurde. Er ist der, der jetzt selbst Gott sieht. Nach wie vor weiß er nichts von dem Deal, den Satan mit Gott gemacht hat. Aber vor seinem inneren Auge entfaltet sich eine Vision, die viel mehr umfasst als nur sein momentanes Schicksal. Er sieht den auferstandenen Herrn. Er sieht ein Leben jenseits des Grabes, einen Richter, der alle offenen Rechnungen ausgleicht, jeder Ungerechtigkeit, jedem Leid ein Ende setzt. Aber es kommt noch besser. Gerade als die langatmigen, undurchsichtigen Reden von Hiobs Freunden kaum mehr zu ertragen sind, meldet sich Gott selbst endlich zu Wort. »Da antwortete der HERR dem Hiob aus dem Sturm und sprach: Wer ist es, der den Ratschluss verdunkelt mit Worten ohne Erkenntnis?« (Hiob 38,1-2). Bei Gott sollte man aufpassen, wofür man bittet. Hiob hat gewünscht, die Stimme Gottes zu hören: »Du würdest rufen und ich würde dir antworten« (Hiob 14,15). Jetzt ruft Gott tatsächlich – drei Kapitel lang – zurück, mit einem gewaltigen verbalen Schauspiel, in dem er seine Macht und seine Schöpfungskreativität in ihrem vollen Glanz darstellt. Er geht dabei nicht zimperlich mit Hiob um. »Gürte doch wie ein Mann deine Lenden!« (Hiob 38,3), sind seine ersten Worte. Keine Spur von Mitleid. Und dann die Anfrage: »Mit dem Allmächtigen will der Tadler rechten?« (Hiob 40,2). Hiob, der alles gegeben hätte, um von Gott zu hören und auf sein Reden zu antworten, ist jetzt sprachlos. Ihm sind seine Klagen auf einmal peinlich (Hiob 40,4-5).

Am Ende ist bei Hiob nicht nur aus Sehnsucht Offenbarung und Glaube geworden mit einem faszinierenden Blick in eine Zukunft, in der der Erlöser der Welt selbst über dem Tod stehen wird, sondern Hiob hat auch handfeste Erkenntnisse über den Charakter Gottes gewonnen. Er hat ihn von Angesicht zu Angesicht gesehen. »Ich habe erkannt, dass du alles vermagst und kein Plan für dich unausführbar ist. … Vom Hörensagen hatte ich von dir gehört, jetzt aber hat mein Auge dich gesehen« (Hiob 42,2.5). Das Ende dieser turbulenten Ereignisse wird schnell über die Bühne gebracht. Hiob muss seinen schulmeisterlichen, besserwisserischen Freunden verzeihen, die auf seine Qualen noch eins draufgesetzt haben. Danach brechen wieder gute Zeiten in seinem Leben an. Eine neue Familie, Gesundheit, Wohlstand und Ehre. »Und der HERR segnete das Ende Hiobs mehr als seinen Anfang« (Hiob 42,12).

Ein Diener Gottes, der nichts weiter will, als in aller Ruhe sein gottesfürchtiges Leben zu führen, gerät ins Blickfeld des Feindes Gottes und somit auch auf besondere Weise in Gottes Blickfeld. Er darf als Anschauungsobjekt für wahre Gottesfurcht herhalten. Er darf beweisen, dass es möglich ist, Gott um seinetwillen zu verehren und nicht um der Vorteile willen, die der Glaube mit sich bringen könnte. Hiob besteht den Test. Das größte Wunder in dieser Geschichte ist nicht, dass Gott auf Hiob achtgibt – trotz seines inbrünstigen Wunsches, von Gott nicht gesehen zu werden –, sondern dass Hiob selbst, mitten in einer Mülldeponie, sozial ausgegrenzt, abgelehnt und gescheitert, Gott mit einer Intensität begegnet, die in einem prall gefüllten Wohlstandsleben nicht möglich gewesen wäre. Er sieht Gott, staunt und kehrt verwandelt zurück in den Alltag. Wie Hagar.

Diese Erzählungen lese ich wieder und wieder. Beim Anblick von Menschen in der Bibel, die alleine und heulend auf dem Wüstensand kauern oder irgendwo im Schatten oder am Straßenrand hocken, fernab des Treibens der Menschenmengen, ausgelacht und ausgegrenzt, gescheitert und erschöpft, geht mir jedes Mal ein Stich durchs Herz. So war auch ich. Immer wieder. Vielleicht nicht so dramatisch, aber auf jeden Fall innerlich nach Hilfe schreiend.

Und dann *El Roi*. Schon unterwegs. Schon vor mir an meinem Fluchtziel angekommen. Er deckt schon den Tisch, an dem ich satt werden soll, gießt das lebendige Wasser in einen Krug, wie er es für Elia getan hat, bereitet das frische Brot vor, das Lager, auf dem ich ruhen darf. Schickt seine Engel in Gestalt von Personen, die helfen können, die auch dann lieben, auch dann an meiner Tür wachen, wenn ich nichts mehr zu geben habe. *El Roi*, der mich sieht. Manchmal reicht dieses Wissen, um dem neuen Tag ins Gesicht zu schauen. Doch wie weit geht er, um uns zu zeigen, wie intensiv er uns gesehen hat?

***El Roi*, der mich sieht. Manchmal reicht dieses Wissen, um dem neuen Tag ins Gesicht zu schauen.**

III.

El Roi bekommt ein Gesicht

Ich gebe es zu, auch ich werfe einen interessierten Blick auf die Anzahl von Likes bei meinen Facebook- und Instagram-Posts. Ich bilde mir ein, dass es mir nichts ausmacht, ob jemand meine Gedanken gelesen und geliked oder mein neues Bild gesehen und kommentiert hat oder nicht, und dass ich es ja nur für die Verbreitung der Bücher tue. Was vermutlich auch stimmt. Ich bin kein enthusiastischer Fan der digitalen Community. Aber ich gebe trotzdem diesem Reiz nach, zu wissen, wie viele und welche Menschen mich dort wahrnehmen. Und ich genieße in vollen Zügen die Genugtuung, wenn ein Beitrag auf Resonanz stößt. Alles gar nicht verwerflich. Es darf nur nicht zu einer Besessenheit werden und in einen chronischen Narzissmus ausufern. Natürlich wollen wir gesehen werden. Unbeachtet zu sein, ist eins der zermürbendsten Gefühle, die es gibt. Zum Beispiel, wenn ich mir für etwas viel Mühe gebe und keiner merkt es – oder noch schlimmer, jemand anderes wird dafür belohnt. Wenn ich eine Not habe und keiner reagiert.

Ich kann mich an ein Gebetstreffen erinnern, in dem persönliche Anliegen geteilt werden sollten. Ich war aufgewühlt, weil ich mit einer Gruppe von Jugendlichen einen Auftritt in einem Seniorenheim durchführen sollte und die Hälfte meiner jungen Performer in letzter Minute abgesagt hatte. Den Tränen nahe, teilte ich meine Not mit, die Gebetsrunde wurde gestartet – und keiner betete für mein Anliegen. Daraufhin war ich noch aufgewühlter als davor und bereute, der Gruppe mein Problem überhaupt mitgeteilt zu haben. Zu meinen Sorgen kam jetzt die Angst, was meine Mitbeter von mir halten würden. Was hatte ich falsch gemacht, dass niemand betete? Hatte ich mich dumm angestellt? Später konnte ich natürlich über so eine Kleinigkeit herzhaft lachen. Irgendwie lief mein kleines Event dann auch gut ohne das erwünschte Solidaritäts-Gebet im Vorfeld, und ich schämte mich, dass ich mich über die Sache so aufgeregt hatte.

Nicht beachtet zu werden, wenn ein Mut machendes Wort so guttun würde – das tut weh. Und da lese ich in meiner Bibel von einem Schöpfer, der *El Roi* genannt wird – der Gott, der nichts unbeachtet lässt, dessen Blick nichts entwischt.

Das suchende, prüfende, alles sehende Auge Gottes: Für manche biblischen Charaktere eine Horrorvorstellung, für andere eine immense Erleichterung. Mir persönlich wird es ganz schön mulmig, wenn ich mir vorstelle, was Gott alles in mir sehen kann. Ich kann nur hoffen, dass er zu sehr mit wichtigeren Dingen beschäftigt ist, um sich viel um die verwegenen Gedanken zu kümmern, die manchmal in meinem Kopf ungebremst herumschwirren. Überschwemmungen in Indien, neue Covid-19-Dramen in Australien, Krieg und Spannungen in Dritte-

Welt-Ländern, Verfolgung der Christen in der muslimischen Welt: Das alles muss ihn doch viel mehr beschäftigen als meine verärgerten Gedanken über die Freundin, die mich gerade im Stich gelassen hat, meine Ungeduld mit meinem Mann, weil er den Umzug nicht schnell genug vorantreibt, mein Frust, weil jemand mit mir unzufrieden ist, nachdem ich mir doch so viel Mühe gemacht habe.

Wie Hiob wäre auch ich manchmal froh, wenn Gott mich einfach eine Weile in Ruhe lassen würde. Hin und wieder von ihm Urlaub zu haben, das wär's. Zu denken, machen und fühlen, was ich will, ohne seinen penetranten, missbilligenden und traurigen Blick auf meine Seele zu spüren, der mich entlarvt und in Verlegenheit bringt. Nur zu schnell vergesse ich, dass Gott selbst mir einen kleinen Begleiter geschenkt hat, mitten in meine Seele hinein, der ihn sehr gut vertritt und in seinem Auftrag ununterbrochen ein wachendes Auge auf die Regungen meiner unberechenbaren Gedanken richtet. Dieser Gesandte ist mein Gewissen – belebt und aktiviert durch den Heiligen Geist, der in mir lebt. Es ist die kleine Stimme, die mich mit einem »Hoppla – so nicht« oder »Moment mal, ist das dein Ernst?« nervt, während eine andere kleine Stimme in mir flüstert: »Gönn es dir!« Je mehr Zeit ich mit Gott und seinem Wort verbringe, desto mehr Gewicht und Gehör findet die Stimme meines Gewissens. Da werden rechtzeitig Stoppschilder aufgestellt, die zum Beispiel so klingen: »Jetzt sag mal was Ermutigendes, anstatt zu klagen.« »Die Bemerkung war nicht so toll, entschuldige dich dafür.« »Antworte heute auf diese E-Mail – die Leute warten auf deine Entscheidung.« »Mach dich jetzt fertig, sonst bist du zu spät und lässt die anderen warten.« Diese Stimme meldet sich, wenn ich lästern will, wenn ich zu viel im Internet surfe, anstatt in der Bibel zu lesen, wenn ich voller Selbstmitleid über meine eigenen Probleme nachgrübele, anstatt das Gemeindemitglied anzurufen, das heute Geburtstag hat.

Der Konkurrenzkampf der beiden Stimmen in uns dreht sich um die Frage, ob Gott, dessen Blick sowieso nichts entgeht, in den vielen kleinen Spannungsfeldern des Alltags das Sagen hat oder ich selbst. In jeder biblischen Geschichte finden wir in irgendeiner Form diesen Kampf der inneren Stimmen.

Das Versteckspiel der Verantwortlichen in Israel

Eine Gruppe von Männern im Alten Testament hat tatsächlich gedacht, dass Gott sie nicht sieht. Oder wenn er sie sieht, nichts gegen ihr Treiben einzuwenden hat oder einfach zu beschäftigt ist, um sich darum zu kümmern. Am Anfang des Buches Hesekiel unterhält sich der Prophet mit einem Engel oder mit Gott selbst, das geht aus dem Kontext nicht ganz klar hervor.

> Und er sprach zu mir: Hast du gesehen, Menschensohn, was die Ältesten des Hauses Israel im Finstern tun, jeder in seinen Bilderkammern? Denn sie sagen: »Der HERR sieht uns nicht, der Herr hat das Land verlassen.«
>
> *Hesekiel 8,12*

Die Männer, um die es sich hier handelt, sind nicht irgendwelche Männer. Sie sind die geistlichen Leiter von Gottes Volk, Wächter über das geistliche Wohl des Landes, Verkündiger des Wortes Gottes. Später stößt der Prophet auf weitere führende Geistliche, die die Sonne anbeten (Hesekiel 8,16) und in öffentlichen Götzendienst verstrickt sind, mitten in dem Heiligtum, das dem Gott Israels geweiht ist. Gott kündigt das bevorstehende Gericht an, falls keine Umkehr stattfindet.

Die Ältesten Israels sind nicht die Einzigen, die den Ernst von Gottes drohendem Gericht nicht erkennen wollen und leichtfertig mit Sünde und Götzendienst umgehen. König David kehrt ohne mit der Wimper zu zucken zur Tagesordnung zurück, nachdem er einem seiner engsten Mitarbeiter die Frau ausgespannt und die daraus entstandene Schwangerschaft zu vertuschen versucht hat. Den betreffenden Mitarbeiter lässt er schließlich mittels eines Mordkommandos ums Leben kommen. Auch David hofft, dass er davonkommt. Selbst als der Prophet Nathan einen unangekündigten Besuch bei ihm abstattet, begreift er zunächst nicht, dass die Stunde der Wahrheit geschlagen hat. Erst bei der direkten Konfrontation – »Du bist der Mann!« (2. Samuel 12,7) –, die Nathan das Leben kosten könnte, wird Davids durch Reichtum und Macht gelähmtes Gewissen wachgerüttelt. Der »Mann nach dem Herzen Gottes« muss erkennen, dass es vor der Heiligkeit Gottes kein Wegrennen gibt.

»Prüfe mich, o Gott«

König David nimmt die Worte des Propheten Nathan zu Herzen. Mitten in seiner Bruchlandung erkennt er, dass es einen besseren Weg gibt, dem forschenden Blick des Herrn zu begegnen, als die Flucht zu ergreifen, wenn es eng und unbequem wird. Psalm 139 ist so etwas wie ein Lehrtext dazu: bewegend, durchdringend, tiefgründig. Gott sieht mich sowieso, es gibt kein Entkommen von ihm, er hat das letzte Wort, er behält das letzte Urteil, ob ich es will oder nicht. Also kann ich mich auch gleich freiwillig ergeben. Aus freien Stücken vor einer überlegeneren Macht kapitulieren, gegen die ich sowieso keine Chance habe zu bestehen. So entstehen eindrucksvolle Gebete, wie zum Beispiel:

Gott sieht mich sowieso, ob ich es will oder nicht. Also kann ich mich auch gleich freiwillig ergeben.

HERR, du hast mich erforscht und erkannt. Du kennst mein Sitzen und mein Aufstehen, du verstehst mein Trachten von fern. Mein Wandeln und mein Liegen – du prüfst es. Mit allen meinen Wegen bist du vertraut. Denn das Wort ist noch nicht auf meiner Zunge – siehe, HERR, du weißt es genau. Von hinten und von vorn hast du mich umschlossen, du hast deine Hand auf mich gelegt. ... Meine Urform sahen deine Augen. Und in dein Buch waren sie alle eingeschrieben, die Tage, die gebildet wurden, als noch keiner von ihnen da war.

Psalm 139,1-3.16

Gott zuvorkommen, die Waffen niederlegen, sich seinem Gericht ausliefern, sich ihm in Demut, Dankbarkeit und Ehrerbietung nähern, sich selbst von Sünde überführen, bevor man überführt wird: So sieht ein angemessener Umgang mit dem Schöpfer aus, der mich gemacht hat und unter dessen Herrschaft ich leben will. »Verbirg dein Angesicht vor meinen Sünden, und tilge alle meine Schuld!« (Psalm 51,11), betet David, nachdem Nathan ihm wegen seines Ehebruchs ins Gewissen geredet hat. Damals wie heute sieht der reumütige Sünder nicht den Richter mit dem Hammer in der Hand oder den Schulmeister mit dem Stock vor sich, sondern den liebenden, fürsorglichen Vater, der schnell vergibt und der darauf wartet, seinen Kindern Gnade, Hilfe, Schutz, Wiederherstellung darzureichen. Der Prophet Jeremia greift den Gedanken in seinen Schriften auf: »Du kennst mich, du siehst mich und prüfst mein Herz, wie es zu dir steht« (Jeremia 12,3). Auch er stellt sich aktiv dem prüfenden Blick Gottes auf sein innerstes Wesen, auf die Herzensmotive, die niemand anders sehen kann. Der Prophet Samuel, nach der Rebellion Sauls im Auftrag Gottes unterwegs auf der Suche nach einem neuen König, wird von Gott erinnert: »Der Herr sieht nicht auf das, worauf der Mensch sieht. Denn der Mensch sieht auf das, was vor Augen ist, aber der Herr sieht auf das Herz« (1. Samuel 16,7). Diesem Satz aus dem Mund Gottes hat David seine eigene Ernennung zum König zu verdanken.

Haben wir ein hörendes Herz?

In Psalm 33,18 macht David klar: Von Gott gesehen zu werden, ist nichts, wovor wir Angst haben müssen, denn »siehe, das Auge des Herrn ruht auf denen, die ihn fürchten, die auf seine Gnade harren«. Es ist ein göttliches Sehen, das Segen bringt und Gnade verspricht. Uns kann nichts Besseres geschehen, als von ihm gesehen zu werden.

Die Sprüche Salomos sind eine Gebrauchsanleitung, wie wir diese Haltung der Belehrbarkeit und Formbarkeit unter dem Blick Gottes beibehalten, üben und zum Lebensstil machen können. Der reumütige König David hat einen sehr weisen Sohn, der die Lehren des Vaters zu Herzen nimmt und sorgfältig protokolliert. »Die Augen des HERRN sind an jedem Ort und schauen aus auf Böse und auf Gute«, stellt er in Sprüche 15,3 fest. Deshalb ist es klug, mich immer wieder von Gott prüfen zu lassen, mir und anderen Fehler einzugestehen, bevor ich auf peinliche Weise von anderen Menschen, vom Leben oder von Gott korrigiert werde.

Haben wir ein hörendes Herz? Als Christen bleiben wir die Lernenden, die zu Unterweisenden. Wir dürfen zu Gott kommen in der Haltung eines Kindes, das an jedem Wort hängt, was der Vater sagt, weil es weiß, diese Worte sind kostbar und lebensspendend, sie bewahren vor Blamagen und Bruchlandungen. Oder in der Haltung eines Studenten, der aktiv zuhört und nichts von dem verpassen will, was sein Lehrer und Mentor ihm sagt. Der jede Unterweisung gierig aufnimmt, im Herzen sorgfältig bewahrt und im Alltag umsetzt. Am besten sind wir dort aufgehoben, wo auch Maria ihren Lieblingsplatz hatte: lauschend vor den Füßen unseres Herrn (Lukas 10,39). Heiligung, Lebensveränderung passieren, wenn wir dort viel Zeit verbringen.[4]

Am besten sind wir zu Jesu Füßen aufgehoben, wo auch Maria ihren Lieblingsplatz hatte.

El Roi zum Anfassen

Unbequem, offenlegend, heilbringend, lebensrettend, erschreckend: Auf ganz unterschiedliche Weise wirkt Gott bei Menschen in der Bibel, die ihm als dem *El Roi*, dem Gott, der sie sieht, begegnet sind. Aber ein roter Faden läuft durch die Gottesbegegnungen, die vor allem im Alten Testament geschildert werden. Sie sind hochgradig lebensgefährlich. Als die Ältesten Israels auf den Berg Sinai zu einer Verabredung mit Gott eingeladen werden, wird explizit darauf hingewiesen, dass sie die Begegnung überlebt haben (2. Mose 24,11). Mose darf Gott nicht von Angesicht zu Angesicht anschauen, sondern nur flüchtig von hinten, sonst kommt er aus dem Zusammentreffen nicht lebendig heraus. Denn »kein Mensch kann mich sehen und am Leben bleiben« (2. Mose 33,20).

Über die Heiligkeit Gottes zu reden, ist in unserer Zeit aus der Mode gekommen. Der moderne Christ will ihn gemütlich und kumpelhaft haben. Eine High-five-Gottheit, mit der man per Du ist, auf Augenhöhe. Menschen in der Bibel, die Gott wirklich hautnah erleben, wären über solche Vorstellungen über alle Maßen empört. Erscheinungen Gottes sind nicht etwas, worüber leichtfertig gesprochen wird. Der Prophet Jesaja ist sprachlos vor Schreck, als er Gott im Tempel in seiner Herrlichkeit erblickt (Jesaja 6). Der Prophet Daniel erlebt nach einem Gespräch mit Gott einen nervlichen und körperlichen Zusammenbruch (Daniel 10). Wenn ein heiliger Himmel eine gefallene Welt berührt, dann bleibt nichts, wie es war. Menschen, die in die Nähe Gottes kommen, kommen völlig verändert aus der Begegnung heraus.

Umso erstaunlicher, dass ein Tag kommt, an dem zwölf junge Männer Tag für Tag mit genau diesem Gott durch die Landschaft Israels ziehen – und verschont bleiben. Sie kaufen ein, kochen und essen mit ihm zusammen, schlafen Seite an Seite mit ihm, teilen alles mit ihm, diskutieren mit ihm, schimpfen und hadern mit ihm und bleiben unversehrt. »Und das Wort wurde Fleisch und wohnte unter uns, und wir haben seine Herrlichkeit angeschaut ... voller Gnade und Wahrheit« (Johannes 1,14). Kenner der alten Schriften, Männer und Frauen des Gebets, Menschen, die Gott suchten, ahnten schon die ganze Zeit, dass Gottes Geschichte genau auf diesen göttlichen Einbruch in das Weltgeschehen zusteuert. Das Unglaubliche wird wahr. Gott erscheint selbst auf seinem gebeutelten Planeten, trinkt Milch als kleines Kind, geht in die Schule als großer Junge, lernt einen Beruf, hat eine Haarfarbe, spricht mit einem Dialekt. *El Roi* – nicht mehr der Unnahbare, der nur von hinten flüchtig zu sehen ist, nicht mehr der, der zwischen den Cherubim thront und dessen Residenz

***El Roi* – in Jesus nicht mehr der Unnahbare, der zwischen den Cherubim thront.**

im Allerheiligsten nur ganz vorsichtig und nur vom Hohenpriester einmal im Jahr betreten werden darf, sondern der Liebevolle, der mit seinem Erzählstil die Menschen zum Lachen wie auch zum Weinen bringt, der Fürsorgliche, den Kinder anfassen dürfen, an dem sich alle festklammern wollen, vor allem diejenigen, denen das Leben schlechte Karten ausgeteilt hat: Schwache, Ausgegrenzte, Kranke, Arme. Menschenmassen rennen ihm nach. Überall, wo er auftaucht, werden die Folgen von Sünde und Tod rückgängig gemacht. Kranke werden geheilt, Niedergeschlagene aufgerichtet, Hungrige ernährt, Trauernde getröstet, Tote auferweckt, reumütige Sünder erleben Gnade und Vergebung.

Die Geschichten, die Jesus erzählt, gehen unter die Haut. Sie sind wie ein Wiedersehen mit Hagar, Kain, Jona, Hiob. *El Roi* – gnädig, gütig, zärtlich, mitfühlend, auf der Suche nach Seelen, die ihm zugewandt sind. Er greift Metaphern, Gleichnisse, witzige Vorfälle auf, direkt aus dem bescheidenen Alltag einer ländlichen Existenz. Eine Hausfrau sucht nach einer verlorenen Münze und stellt ihr Haus und dessen Inhalt auf den Kopf, um sie zu finden. Wer kennt das Gefühl nicht? Innerlich unruhig zu sein, abwesend, weil man irgendetwas nicht findet. Einen Zettel, den man morgen für die Arbeit braucht. Das Handy, das schon wieder liegen gelassen wurde. Der Autoschlüssel, der abhandengekommen ist. Auch Gott hat etwas verloren, erklärt Jesus. Seine Kinder.

Und er kann nicht schlafen, bis er sie findet und nach Hause bringt. Noch eindrücklicher das Schaf, das nicht nach Hause kommt. Der Sohn, der abtrünnig wird. In jedem dieser Gleichnisse finden wir Gott, den verzweifelt Suchenden. Wie schon in den Geschichten des Alten Testaments: *El Roi*, der hinter Hagar hergeht. *El Roi*, der beim verzweifelten Elia in der Wüste aushält. *El Roi*, der auf der Anklagebank neben dem trostlosen Hiob sitzt. *El Roi*, der dem abtrünnigen Jona nachgeht und ihn dorthin bringt, wo er sein soll. Ein Publikum, das von den langatmigen, lebensfernen Reden selbstgefälliger Theologen und Akademiker müde geworden ist, horcht auf.

Auch Kain finden wir im Neuen Testament wieder, der von den scharfen, suchenden Augen Gottes unberührt, trotzig, eiskalt bleibt. Wie die Pharisäer, die Spötter, die Zyniker, die Jesus einschüchtern und zum Schweigen bringen wollen, die selbst Gott sein wollen und den wahren Gott ablehnen, anklagen, belauern. Er bringt ihre Welt durcheinander, macht keinen Hehl aus seiner Verachtung für die künstlichen Rankings, mit denen sie die Frömmigkeit der anderen bewerten. Für Jesus ist oben unten und unten oben. Der Verlierer ist der Gewinner, der Arme ist der Reiche, Kinder sind Experten in geistlichen Angelegenheiten, weil Kinder die Dinge besser durchschauen. Gott in Person, unterwegs auf den staubigen Straßen dieser Welt: Das kann nicht gut gehen. Alles, was er sagt, versetzt seine Kritiker und

Neider in Rage. Eine sündige Menschheit hält ihn nicht aus. Irgendwann werden sie ihn hinrichten.

Vorahnungen auf dieses Geschehen, gibt es schon zuhauf im Alten Testament. Der Prophet Jesaja hat es am genauesten vorausgesehen und auch beschrieben:

> Er war verachtet und von den Menschen verlassen, ein Mann der Schmerzen und mit Leiden vertraut wie einer, vor dem man das Gesicht verbirgt. Er war verachtet, und wir haben ihn nicht geachtet. Jedoch unsere Leiden – er hat sie getragen, und unsere Schmerzen – er hat sie auf sich geladen.
>
> *Jesaja 53,3-4*

Mitten in seinem eigenen Leid schildert König David – ohne es zu wissen – mit verblüffender Genauigkeit die Details einer römischen Kreuzigung – die es zu Davids Zeit nicht einmal in dieser Form gegeben hat. Wir finden die Beschreibung in Psalm 22,15-19: die Wunden an Händen und Füßen, die geteilten Kleider, den quälenden Durst, die Knochen, die qualvoll auseinandergezerrt werden und gezählt werden können.

Alle Versuche, die Jesus unternimmt, um seine Freunde auf seinen bevorstehenden Absturz vorzubereiten, stoßen auf taube Ohren. Bis das Unfassbare tatsächlich passiert. Während seine Anhänger an seine Unbesiegbarkeit glauben, von seinem Triumph über die grausame römische Besatzung träumen und sich ihren eigenen Aufstieg zu Prominenz und Würde unter der gerechten Herrschaft des Messias ausmalen, kreisen ihn seine Feinde ein, verfolgen ihn, stacheln andere gegen ihn auf und warten fieberhaft auf die eine Gelegenheit, zuzuschlagen. Diese Gelegenheit lässt nicht lange auf sich warten. Weitab von den unberechenbaren Menschenmengen, unter denen sich viele seiner Verehrer befinden, erhalten sie einen Hinweis von einem Insider und holen ihn ein. Sie finden ihn mitten in der Nacht, betend in einem Garten, außerhalb der Stadt. Eine groteske Nacht-und-Nebel-Verhaftung, ein Fake-Prozess, und innerhalb von wenigen Stunden hängt er, gequält, sich windend und brüllend vor Schmerz, an dem brutalsten Folterinstrument, das eine gefallene Schöpfung jemals zustande gebracht hat. Die Niedertracht der von Gott getrennten Menschheit läuft vor den Augen eines höhnisch spottenden Publikums zur Hochform auf. Jesu Freunde, immer noch traumatisiert und kopfschüttelnd, suchen das Weite, zerstreuen und verstecken sich.

Was keiner von ihnen ahnt, zumindest noch nicht: Dies war der Plan von Anfang an. *El Roi* auf den staubigen Straßen einer entfremdeten Welt. Nicht auf den roten Teppichen, nicht in den Machtzentralen, nicht umgeben von Leibwächtern, unterwegs in gepanzerten Limousinen auf abgesperrten

Straßen, die ihn vom gemeinen Pöbel fernhalten. Sondern mitten drin. Dort, wo es nach Exkrementen stinkt. Dort, wo Wunden eitrig werden, Kinder nicht genug zu essen haben, Witwen um ihre Verstorbenen trauern, Aussätzige nach Überresten von Abfällen greifen mit Fingern, die von Fäulnis befallen sind. Er taucht überall auf, nur dort nicht, wo die politische und geistliche Elite ihn in der Nähe ihrer vornehmen Chefsessel haben will, um ihn mit seinem Charme und seinen Wunderkräften vor ihren Karren zu spannen. Kein Wunder, dass sie ihn hassen.

Gottes Augen haben immer dorthin geschaut, wo niemand anderes hinschauen will. So kennen wir ihn doch schon. Denken wir an Hagar. Oder an Hiob. Hiobs Geschichte wird neu inszeniert. Hiob sinkt tief. Gott sinkt tiefer. *El Roi*: draußen auf der Müllhalde, ausgegrenzt, gequält. Nicht nur den Tod fürchtend, sondern tatsächlich tot. Nicht nur gefühlte Gottesferne, sondern tatsächlich fern von Gott. Gott kann den Anblick dieser Wucht der angestauten Schuld, die auf seinem Sohn liegt, nicht ertragen. Auf dreiste Weise verspottet, als Witzfigur verhöhnt, schreit der Sohn: »Mein Gott, mein Gott, warum hast du mich verlassen?« (Matthäus 27,46). »Wenn du der König der Juden bist, so rette dich selbst!« (Lukas 23,37), spotten seine Hasser. Sich selbst retten? Das hätte er können. Das ist das Erschütternde an Golgatha. Mit jedem fortschreitenden Augenblick dieser brutalen Tortur könnte er auf den roten Knopf drücken. Zehntausend Engel warten in den Startlöchern, um ihn aus diesem teuflischen Sumpf herauszuholen, sollte er es nicht mehr aushalten. Aber er hält aus – bis zum bitteren Ende.

Wenn es einen Grund gibt, warum ich an Jesus nicht vorbeikomme, dann diesen. Nicht die Zeichen und Wunder, die er bewirkte, sondern die Liebe für mich und für dich, die ihn dazu trieb, sich freiwillig auf diese mörderischen Machenschaften einzulassen.

Ein Vorfall im Alten Testament stellt dar, was hier eigentlich passiert ist und was das mit deinem und meinem Leben zu tun hat. Nach einem aufmüpfigen Ausbruch von Frust und Rebellion beim Volk Gottes auf der Wanderschaft von Ägypten ins verheißene Land zieht Gott auf Wunsch des verbitterten Mobs seine schützende Hand weg, und prompt wird das Lager von giftigen Schlangen angegriffen. Das ist nichts Ungewöhnliches, die gibt es überall in dieser Wüste. Ungewöhnlich ist, dass Gott das Volk bisher vor ihnen beschützt hat. Im Nu dringt das Stöhnen der Sterbenden zum Himmel. Mose fleht den Herrn um Gnade an. Die Antwort kommt sofort. Er soll eine Schlange aus Bronze machen, sie hochhalten und die noch Überlebenden anweisen, auf diese Schlange zu blicken (4. Mose 21). Deutlicher könnte die Vorwegnahme dessen, was am Kreuz passiert ist, nicht sein. Jesus selbst legt die Geschichte aus

4. Mose in seinem Gespräch mit Nikodemus entsprechend aus. »Wie Mose in der Wüste die Schlange erhöhte, so muss der Sohn des Menschen erhöht werden, damit jeder, der an ihn glaubt, ewiges Leben hat« (Johannes 3,14-15). Paulus führt die Erklärung weiter aus: »Den, der Sünde nicht kannte, hat er für uns zur Sünde gemacht, damit wir Gottes Gerechtigkeit wurden in ihm« (2. Korinther 5,21).

Das, was wir Menschen so schwer begreifen, ist für Gott nicht verhandelbar. Schuld verlangt nach einem Ausgleich. Ausstehende Rechnungen müssen bezahlt werden. »Schwamm drüber, ist alles nicht so schlimm« funktioniert nicht. Nichts von meiner Sünde wissen zu wollen, auch nicht. Spätestens dann nicht, wenn gegen mich gesündigt wird. Gerade das ist das Wesen der Sünde. Wenn ich über andere lästere, ist es mein gutes Recht. Ich bin halt ehrlich. Wenn andere über mich lästern, ist es Mobbing und Rufmord. Das ist das, was Sünde mit uns macht. Unsere Wahrnehmung ist gegenüber der eigenen Schuld betäubt, aber hochgradig überempfindlich gegenüber der Schuld der anderen. Die Opferrolle liegt uns viel mehr als die Täterrolle.

»Als ob du nie gesündigt hättest«, hieß es bei uns in der Kinderkirche, als der Sühnetod Jesu am Kreuz erklärt wurde. Nicht ganz korrekt. Besser sollte es heißen: »Als ob die vielen Rechnungen, die du nicht bezahlen kannst, auf eine andere Adresse umgeleitet und für dich bezahlt würden.«

Durch Golgatha macht Gott unsere Schuld nicht ungeschehen, er bezahlt sie selbst. Damit wird die Unnahbarkeit eines heiligen Gottes für unheilige Menschen aufgehoben. Die offene Tür in das Heiligtum hinein bringt uns aber nichts, wenn wir die Notwendigkeit seines Opfers nicht anerkennen wollen. Wenn wir zu eigenen Bedingungen kommen wollen, anstatt uns auf seine Gnade zu werfen. Auch wir müssen zu Sehenden werden. Auf die bronzene Schlange blicken. Auf das Kreuz blicken. Der junge Rebell in Jesu Gleichnis vom verlorenen Sohn (Lukas 15) bekommt keine billige Gnade, als er sich flehend in die Arme seines Vaters wirft. Sein Vater hat die ausstehenden Rechnungen beglichen, aber der Sohn muss diese Gnade empfangen und in ihr leben. Die Bibel nennt diesen Schritt Glauben. Er muss seine nach Schweinestall stinkenden Klamotten ablegen und das Gewand anziehen, das der Vater ihm schenkt, wie auch den Ring und die Sandalen. Das Alte wird nicht therapiert und geschminkt, es muss etwas Neues entstehen. Der fromme Akademiker Nikodemus erfährt von Jesus, dass er von Neuem geboren werden muss, mit anderen Worten: von vorne wieder anfangen. Sein Wissen, seine Qua-

Durch Golgatha macht Gott unsere Schuld nicht ungeschehen, er bezahlt sie selbst.

Die offene Tür ins Heiligtum hinein bringt uns nichts, wenn wir die Notwendigkeit seines Opfers nicht anerkennen wollen.

lifikationen, seine Bildung, sein geistlicher Werdegang – all das hat ihm das Entscheidende nicht gebracht: die Versöhnung mit Gott.

Als äußeres Zeichen für das, was an Karfreitag passiert ist, wird der Vorhang im Tempel, der Sünde von Heiligkeit getrennt hat, von oben nach unten zerrissen. Die Sünde, die getrennt hat, ist getilgt, der Tod, den die Sünde mit sich gebracht hat, überwunden, Gottes Gegenwart ist nicht mehr gefährlich für die, die sich ihm in Demut und in Ehrerbietung nahen wollen.

Für den verlorenen Sohn bedeutet dies eine radikale Richtungsänderung. Aus der anfänglichen Haltung »Gib mir, was mir zusteht« ist die Bitte »Mach mich wie einen deiner Diener« geworden. Der Geizhals Zachäus, von Beruf Zöllner, ist nach Jesu Besuch in seinem Haus verwandelt. Mit Freude und Erleichterung verteilt er riesige Summen von Geld, um die Abzockerei, für die er berüchtigt und verhasst war, wiedergutzumachen. Niemand kommt unverändert aus einer Begegnung mit Jesus heraus. Eine Ehebrecherin atmet tief auf, als sich ihre Peiniger, die sie steinigen wollen, nacheinander zurückziehen und sie unter dem barmherzigen, liebenden, vergebenden Blick von Jesus aufgerichtet wird. Eine Samariterin, aufgrund ihres unzüchtigen Lebensstils eine Persona non grata in ihrem Dorf, lässt alles liegen und springt begeistert davon, um das ganze Dorf aus seiner Siesta wachzurütteln, nachdem sie erkannt hat, wer Jesus wirklich ist. Keine noch so realistische Verfilmung der Jesusereignisse kann die Dramatik dieser Szenen gebührend wiedergeben. Tote, die auf der Bahre zu ihrem Begräbnis getragen werden, richten sich plötzlich auf und fangen an zu reden. Oder sie marschieren aus ihrem Grab heraus. Gelähmte Beine können sich plötzlich bewegen, hüpfen und rennen, blinde Augen sehen, taube Ohren hören.

Die Zeiten sind vorbei, in denen ein Mose Gottes Herrlichkeit nur flüchtig von hinten erblicken kann oder die Ältesten Israels auf dem Berg Sinai Angst um ihr Leben haben müssen. Oder Jakob nach einem Aufeinandertreffen mit Gott sagen muss: »Ich habe Gott von Angesicht zu Angesicht gesehen, und meine Seele ist gerettet worden!« (1. Mose 32,31). Anders ausgedrückt: Ich bin verschont geblieben!

Jesus sieht nicht nur Not, Armut, Krankheit und geistliche Verlorenheit, er sieht auch ins Innerste der Menschen hinein. Er sieht die Verzweiflung einer Frau mit einem Blutfluss, der ihr das Leben seit Jahren zu einer Misere macht, und er spürt, wie sie sich mit letzter Kraft mühsam durch die Menge quält, nur um sein Gewand zu berühren (Markus 5). Ganz schön ungemütlich für die Menschen, die tagtäglich mit ihm zu tun haben, ist Jesu Blick tief ins Herz jedes Einzelnen hinein. Er kennt die Gedanken seiner Gegner, die versuchen, ihn in eine Falle zu locken. Zweimal kommt er ihnen mit seiner eigenen Schlagfertigkeit zuvor, einmal, als sie versuchen, ihn als dämonenbesessen hinzustellen (Matthäus 12,25): »Da er aber ihre Gedanken wusste, sprach er zu ihnen: Jedes Reich, das mit sich selbst entzweit ist, wird verwüstet …« Ein zweites Mal, als sie ihn mit der Frage der Steuer zu überlisten versuchen (Matthäus 22,18): »Da aber Jesus ihre Bosheit erkannte, sprach er: Was versucht ihr mich, Heuchler?« In Markus 2,8 lesen wir, dass er in seinem Geist erkennt, was die Schriftgelehrten sich gerade überlegen. Kurz vor diesem Schlagabtausch hat er einem Gelähmten gesagt, seine Sünden seien ihm vergeben, wohl wissend, dass die religiöse Elite, die ihm auflauert, empört sein wird. Schließlich kann nur Gott Sünden vergeben. Jesu Vorgehen ist immer gut durchdacht, die Situationen richtig eingeschätzt, und er macht von ihrem Widerstand geschickten Gebrauch, um seine Botschaft bei seinem Publikum anzubringen. Kurz vor der Heilung des Mannes mit der verdorrten Hand lesen wir, dass Jesus ihre Überlegungen kennt (Lukas 6,8), vermutlich auch ihre Pläne, ihn zu Fall zu bringen. Auch Johannes staunt über Jesu Fähigkeit, direkt in das Herz der Menschen hineinzublicken: *»Jesus selbst aber vertraute sich ihnen nicht an, weil er alle kannte und nicht nötig hatte, dass jemand von dem Menschen Zeugnis gab; denn er selbst wusste, was in dem Menschen war«* (Johannes 2,24-25).

Nicht nur Jesu Feinde, auch seine engsten Freunde haben guten Grund, auf der Hut zu sein. Wie muss es wohl sein, tagaus, tagein mit einem Rabbi unterwegs zu sein, der in die innerste Gedankenwelt hineinblicken kann? Ab und zu gibt Jesus etwas von dem preis, was er dort sieht. Umso beeindruckender, wie entspannt und vertrauensvoll seine Freunde mit ihm umgehen, zeitweise einfach ehrlich, manchmal sogar unverschämt. Einmal fragt er sie, worüber sie gerade geredet haben, wohl wissend, dass sie sich gerade über die geplante Rangordnung im Reich Gottes gestritten haben. Sie wollen es zunächst nicht zugeben, sie wissen, dass Jesus auf eigensüchtige Ambitionen nicht gut zu sprechen ist. Jesus nimmt die Situation gleich zum Anlass, eine seiner wichtigsten Predigten zu halten: »*Wenn jemand der Erste sein will, soll er der Letzte von allen und aller Diener sein*« (Markus 9,35). Um seinen Punkt zu unterstreichen, nimmt er ein Kind, stellt es in ihre Mitte, nimmt es in seine Arme und betont, dass diese unschuldigen Kleinen, nicht die aufgeblähten und selbstüberzeugten Autoritäten der Gesellschaft, die eigentlich Großen im Reich Gottes sind.

El Roi und Augen, die sich begegnen

»Der Gott, der mich sieht« – *El Roi* – in Fleisch und Blut verbringt 33 Jahre als Gast in der fremd besetzten Welt, die er selbst geschaffen hat. Wenn meine nicht christlichen Bekannten sich beklagen: Wenn es Gott gibt, warum zeigt er sich nicht, dann erinnere ich sie einfach an Weihnachten. Und ich ermutige sie, sich mit den historischen Augenzeugenberichten über das Wesen und das Wirken von Christus zu beschäftigen, die an Verlässlichkeit und Überzeugungskraft nicht zu überbieten sind. Gründlicher, klarer, authentischer hätte Gott sich nicht zu erkennen geben können. Das ist nicht das Problem. Das Problem ist nicht der Mangel an Beweisen. Der eigentliche Grund, warum die Welt nicht glauben will, geht, so vermute ich, tiefer: Gott sieht durch die Fassade eines jeden, er sieht in die Dunkelheit, er sieht ins Herz hinein. Das Problem ist also, er sieht Dinge, die wir lieber verbergen wollen. Deshalb wollen wir ihn nicht. Sein Sehen bedeutet, dass wir bei genauem Hinsehen nicht so toll sind, wie wir dachten, dass wir Hilfe brauchen, einiges ändern müssen, nicht mehr selbst Gott sein können. Deshalb wollten sie ihn schon damals loswerden. Sie wollten einen Gott, der so war wie sie, nach ihrem Bild geschaffen. Es war das alte Spiel, das Adam und Eva schon am Anfang getrieben hatten. Auch sie wollten einen Gott haben, der nur das sieht, was sie ihm zeigen.

Wer sich Gottes prüfendem Blick stellt und ihm in die Augen schaut, wird bei ihm Gnade finden.

Aber all die, die sich seinem prüfenden Blick stellen, es wagen, ihm in die Augen zu schauen und nichts mehr zu verbergen, können sich sicher sein, dass sie dort Gnade finden werden. Vergebung. Hilfe.

Freude. Ewiges Leben. Wie das Volk Gottes in der Wüste werden auch sie auf den blicken, der mit der Sünde der Welt auf seinen Schultern am Kreuz erhöht wurde, und sie werden leben!

> Denn dies ist der Wille meines Vaters, dass jeder, der den Sohn sieht und an ihn glaubt, ewiges Leben hat; und ich werde ihn auferwecken am letzten Tag.
>
> *Johannes 6,40*

IV.

Zu Sehenden werden unter dem Blick Gottes

Die große Entdeckung

Ich erlebe es immer wieder in meiner Beziehung mit Jesus. Wenn ich Zeit mit ihm und seinem Wort verbringe, dann sehe ich Dinge plötzlich anders. Es begann mit meiner ersten Glaubensentscheidung als Kind. Ich schenkte dem Herrn mein Leben, und die Welt machte auf einmal Sinn. Oder vielmehr, ich fing an, ein paar entscheidende Fragen zu stellen. Ich dachte über Grundfragen im Leben nach, zum Beispiel: Wer steckt hinter allem? Die Puzzleteile passten plötzlich zusammen. Offensichtliche Fragen wurden geklärt, die jeder Mensch sich stellt oder sich eigentlich stellen müsste. Wer hat diesen Baum gemacht? Wer kriegt so was hin? Eine Rose? Einen Schmetterling? Eine Wolke? Einen Sonnenaufgang? Einen Säugling? Eine Ente? Einen Regenbogen? Ein menschliches Gehirn? Wenn ich Gott nicht kennen würde, würden mir diese Fragen schlaflose Nächte bereiten, falls mir die Wunder der Schöpfung nicht schon zu vertraut geworden wären. Das Bewusstsein, dass ein Mensch auch in Millionen von Jahren so ein Kunstwerk wie einen Baum oder eine Blume nicht hinbekommen würde, müsste die hartnäckige Frage nach einem Schöpfer in jeder menschlichen Seele aufsteigen lassen. Im Römerbrief schreibt Paulus:

> Sein unsichtbares Wesen, sowohl seine ewige Kraft als auch seine Göttlichkeit, wird seit Erschaffung der Welt in dem Gemachten wahrgenommen und geschaut, damit sie ohne Entschuldigung sind, weil sie Gott kannten, ihn aber weder als Gott verherrlichten noch ihm Dank darbrachten.
>
> *Römer 1,20-21*

Er fügt hinzu, dass ihr »unverständiges Herz verfinstert wurde«, und greift damit auf die Gedanken von Johannes zurück, der in seinem Evangelium Psalm 81,13 zitiert: »Er hat ihre Augen verblendet und ihr Herz verstockt, dass sie nicht mit den Augen sehen und mit dem Herzen verstehen und sich bekehren und ich sie heile« (Johannes 12,40). Jesus selbst warnt vor denen, die sich vorsätzlich weigern, sich auf seine Worte einzulassen, und zitiert dabei den Propheten Jesaja (Jesaja 6,9-10): »Mit Gehör werdet ihr hören und doch nicht verstehen, und sehend werdet ihr sehen und doch nicht wahrnehmen …« (Matthäus 13,14).

In Ordnung, es mag einen Schöpfer geben, der sich die Wunderwerke dieser Erde ausgedacht hat, räumen Bibelzyniker ein. Aber wie ist es im Hier und Jetzt? Warum zeigt er sich nicht eindeutiger? Warum unternimmt er nichts, um die massiven Probleme dieser Welt zu lösen? Manchmal, in Augenblicken von Enttäuschung, stelle ich mir die gleichen Fragen. Ich erinnere mich – und gerne auch andere – dann aber an alles, was Gott schon getan hat. An die klare Verkündigung seines Wesens Tag für Tag in seiner Schöpfung. Dieses Wunder war nicht nur ein einmaliger schöpferischer Akt. Dass das Universum zusammenhält, ist jeden Tag ein neues schöpferisches Wunder. Ich denke an die vielfältigen Berichte seines Handelns in seinem Wort durch die Jahrhunderte hindurch, an seine Ankunft in der Person Jesu Christi, an die drei Jahre seines unmittelbaren, solide protokollierten Wirkens auf dieser Erde, an seinen Tod und seine Auferstehung und die Gründlichkeit, mit der Augenzeugen Berichte anfertigten, um sie an weitere Generationen weiterzureichen. Die eigentliche Frage lautet nicht: Warum tut er nichts? Sie lautet: Warum hat er so viel getan? Was hätte er mehr tun können als all das?

Dass das Universum zusammenhält, ist jeden Tag ein neues schöpferisches Wunder.

All das ist nur der Anfang. Dazu kommen all meine Erfahrungen mit ihm. Die scheinbaren Zufälle und Fügungen in meinem Leben, die offensichtlich von einer unsichtbaren Hand gelenkt wurden. Die Momente auf den Knien im Gebet oder beim Bibellesen oder beim Singen im Gottesdienst, in denen ich einfach weiß, dass ich nicht alleine durch dieses Leben gehe, dass der Himmel echt ist und dass Gott über meinem Leben wacht. Glaube ist in der Tat ein Überzeugtsein von dem, was wir mit unseren natürlichen Augen nicht sehen können, aber sehr wohl mit unseren inneren Augen, die durch eine göttliche Berührung in die geistliche Welt hineinblicken dürfen.

Wer Kinder erzogen hat, weiß, dass es eine vorsätzliche, gewollte Blindheit gibt, wenn ein Kind etwas nicht sehen will, was offensichtlich ist. So ist jeder Mensch, der von Gott getrennt ist. Er will partout nicht die Fragen nach Gott stellen, die auf der Hand liegen. Sünde macht blind. »I once was lost, but now I'm found, was blind, but now I see.« (»Früher war ich verloren, doch jetzt bin ich gefunden. Ich war blind, doch jetzt kann ich sehen.«) So schrieb der ehemalige Sklavenhändler John Newton in seinem berühmten Lied *Amazing Grace* nach seiner dramatischen Bekehrung zum christlichen Glauben mitten in einem lebensbedrohlichen Sturm auf hoher See. Auch biblische Charaktere lassen sich grob in zwei Gruppen aufteilen. Die, deren Augen geöffnet wurden für Gottes Absichten, und die, die sich fest dagegen wehrten und lieber nicht sehen wollten.

Ich sehe, was du nicht siehst – die andere Geschichte

Das erste Ergebnis von Hagars Offenbarung »Er hat mich gesehen« ist, dass sie selbst eine Sehende wird. Ihre hoffnungslose Situation erscheint plötzlich in einem anderen Licht. Sie steuert nicht mehr auf eine Sackgasse zu. Eine Tür öffnet sich, es gibt einen Weg zurück ins Leben. Das Kind, das sie trägt, ist ihr Kind, nicht nur Sarais Kind, es hat einen Namen, eine Zukunft, es wird Stammvater einer großen Nation. Hagar ahnt zum ersten Mal: Hier läuft parallel zu dem, was sie unmittelbar erlebt hat, eine andere Geschichte, Gottes Geschichte. Paulus betet am Anfang seines Briefs an die Christen in Ephesus, dass die Gläubigen sehende Augen für diese andere Geschichte bekommen:

> Er (Gott) erleuchte die Augen eures Herzens, damit ihr wisst, was die Hoffnung seiner Berufung, was der Reichtum der Herrlichkeit seines Erbes in den Heiligen und was die überragende Größe seiner Kraft an uns, den Glaubenden, ist, nach der Wirksamkeit der Macht seiner Stärke.
>
> *Epheser 1,18-19*

Die Spannung zwischen den beiden Geschichten macht die Bibel zu einer fesselnden Lektüre. Mal werden sie nebeneinander erzählt, immer wieder laufen sie ineinander, manchmal stoßen sie auf dramatische Weise zusammen. Glaube ist die Bereitschaft, sich auf Gottes Geschichte einzulassen, anstatt in den Dramen unseres irdischen Lebens gefangen zu bleiben. So werden ganz normale Menschen zu Helden. Während sie mit ihren natürlichen Augen schauen, ringen Abram und Sarai darum, sich mit der Enttäuschung der Kinderlosigkeit abzufinden und ohne feste Heimat ein Leben lang auf Wanderschaft zu sein. Ein Blick in die Absichten Gottes offenbart jedoch Nachkommen wie die Sterne des Himmels (1. Mose 15,5) und eine Stadt Gottes, die von oben kommt (Hebräer 11,10). Die Hoffnung und die Aussicht auf das vollkommene Glück in Gottes eigener Stadt gibt Abraham die Kraft, seine Zelte auf dem brennenden Sand der nahöstlichen Wüste aufzustellen und ohne feste Bleibe von Ort zu Ort zu wandern. Sein Neffe Lot dagegen, der von dieser Vision einer himmlischen Stadt nicht viel wissen will, hat keine Kraft, den Reizen des irdischen Wohlstandes zu widerstehen, und muss dafür einen hohen Preis bezahlen.

Offene Augen in der Dunkelheit

Auch Jakob, Enkel des Stammvaters Abraham, einsam, gescheitert und auf der Flucht, darf einen flüchtigen Blick in Gottes Welt erhaschen (1. Mose 28,12-22). Er träumt von einer Engelsleiter, die die Kluft zwischen Erde und Himmel kurz überbrückt. An dieser Schnittstelle zwischen Jakobs turbulentem Leben und Gottes Rettungsplan für die Welt wiederholt der Herr seine Verheißung, die er schon an Abraham gegeben hat: »In deiner Nachkommenschaft sollen gesegnet werden alle Geschlechter der Erde«

(1. Mose 28,14). Jakob wacht auf, von Staunen überwältigt, und beschreibt seine Begegnung mit Gott: »Fürwahr, der HERR ist an dieser Stätte, und ich habe es nicht erkannt ... Dies ist nichts anderes als das Haus Gottes und dies die Pforte des Himmels« (1. Mose 28,16-17). Zwei Welten begegnen sich. Jakobs Augen werden geöffnet. Weit genug zumindest, um zu erkennen, dass Gott auch in den Turbulenzen seines Lebens, und sogar in seiner selbstverschuldeten Serie von unfassbaren Fehltritten, seine Finger im Spiel hat.

Bei Jakobs Sohn Josef ist eine ähnliche Entwicklung erkennbar. Auch er träumt (1. Mose 37). Mit pubertärer Unsensibilität protzt er öffentlich darüber, wie genial, cool und talentiert er sich selbst findet. Klar, dass der Chefsessel in der Sippe von Jakob ihm als dem zweitjüngsten Sohn von Gott höchstpersönlich zugesprochen worden ist. Der Hausfrieden im Haus Jakob gerät in eine ordentliche Schieflage, und Josef wird von der wütenden Übermacht der Brüder ausgegrenzt, fast ermordet und schließlich als Sklave verkauft.

Josefs Auslegung der Visionen von den Garben, die sich vor seiner Garbe beugen, vom Mond und den Sternen, die sich ebenso vor ihm beugen, enthält etwas Wahres und Göttliches. Gott hat tatsächlich mit dem Jungen etwas vor. Seine Träume sind nur mit der falschen Geschichte verknüpft, mit der irdischen Geschichte, die zu diesem Zeitpunkt untrennbar mit Josefs jugendlicher Arroganz und Unreife verbunden ist. Er versteht die Träume als freie Fahrt in eine Zukunft voller Prestige und Macht. Bevor sein Traum in Erfüllung geht, muss Josef sich in Gottes Geschichte einklinken. Ansehen, Herrschaft, Autorität über seine Brüder – das alles steht sehr wohl auf dem Plan Gottes, aber mit einem anderen Motiv, mit einer geläuterten Herzenshaltung. Irgendwo in der Misere seines Exils in Ägypten gehen Josef die Augen auf. Mit einer außerordentlichen Integrität widersteht er der Versuchung, sich mit unlauteren Mitteln ein bequemes Leben zu machen, und wird mit einer Gefängnisstrafe dafür belohnt. Wer im Kerker der Pharaonen landet, hat kaum eine Chance, das Tageslicht jemals wieder zu sehen. Erst am Ende erfahren wir Josefs Geheimnis: »Gott hat mich vor euch hergesandt, um euch einen Rest zu setzen auf Erden und euch am Leben zu erhalten für eine große Rettung. Und nun, nicht ihr habt mich hierher gesandt, sondern Gott« (1. Mose 45,7-8). Spätestens hier wird klar: In Zeiten der tiefsten Verzweiflung fängt Josef an, eine andere Geschichte zu ahnen, die parallel zur Achterbahn seiner eigenen Erlebnisse läuft. Er hört nie auf, an die Güte Gottes zu glauben, übt sich in Geduld, setzt auf die Gnade des Herrn, die ihm Hoffnung gibt, auch mitten in seiner hoffnungslosen Lage. Die Träume werden wahr. Er kommt zu Amt

Bevor sein Traum in Erfüllung geht, muss Josef sich in Gottes Geschichte einklinken.

und Würde, herrscht in der Tat über seine Brüder – aber als Diener, besorgt um das Wohl anderer, nicht als selbstherrlicher Aufsteiger.

Eine Augensalbe und sehende Herzen

> Weil du sagst: Ich bin reich und bin reich geworden und brauche nichts!, und nicht weißt, dass du der Elende und bemitleidenswert und arm und blind und bloß bist, rate ich dir, von mir im Feuer geläutertes Gold zu kaufen, damit du reich wirst; und weiße Kleider, damit du bekleidet wirst … und Augensalbe, deine Augen zu salben, damit du siehst.
>
> *Offenbarung 3,17-18*

Diese Worte aus der Feder des Apostels Johannes brachten mich einmal richtig aus der Fassung. Als junge Studentin hatte ich mich auf eine Beziehung zu einem jungen Mann eingelassen, von dem ich überzeugt war, dass er mein Ehemann werden sollte. Wir waren das Traumpaar unserer kleinen Studentenwelt, unser Lebensziel war die Mission, wir wollten die Welt im Sturm erobern, und ich richtete meine gesamten Zukunftspläne auf die Gewissheit, dass dieser Mann mein Partner fürs Leben sein würde. Nach nur einem halben Jahr zerbrach die Beziehung und damit auch meine Zuversicht, mein Glaube und mein Gottvertrauen. Ich beschloss, die Flucht zu ergreifen, um den Erinnerungen an meinen Verlust, an den jungen Mann und an meine Demütigung zu entkommen. Ich war zu verzweifelt und enttäuscht, um Gott um seine Führung zu bitten, und bewarb mich um ein Stipendium für ein Studienjahr in Deutschland mit den trotzigen Worten: »Falls Gott noch einen Gedanken für mich übrighat, dann kann er ja verhindern, dass ich das Stipendium bekomme.« Wenige Wochen später saß ich auf dem Österberg in Tübingen, blickte auf die Stadt und dachte: »Was habe ich mir nur eingebrockt? Bin ohne Gottes Zustimmung hierhergereist, kenne keine einzige Seele, bin zum ersten Mal in meinem Leben komplett auf mich gestellt.« Ich ließ das vor mir liegende Jahr in meinen Gedanken Revue passieren, schlug meine Bibel auf und stieß auf diesen Vers aus der Offenbarung. Auf einmal war mir alles glasklar. Ich allein war schuld an dem Schlamassel, in dem ich gelandet war. Ich war in der Tat blind gewesen, hatte nicht erkannt, wie stark mein Träumen und Planen von Eitelkeit, Selbstsucht und Eigensinn getrieben gewesen war, schön verkleidet in einem christlichen Wortschatz. Ich hatte das Gefühl, dass meine Bekehrung auf der ganzen Linie ein Fake gewesen war und dass ich die eine Chance, die ich hatte, Gott zu dienen, ordentlich verspielt hatte. Gott war allem Anschein nach mit mir fertig. Zurück nach England reisen, von vorne wieder anfangen, an einer anderen Hochschule mein Studium fortführen, das wär's doch. Was hatte ich hier zu suchen, in einer Stadt, in der ich niemanden kannte, die ich mir einfach auf gut Glück in einer Touristenbroschüre ausgesucht hatte? Das Heimweh, die Verzweiflung, die Reue waren fast nicht zu ertragen. Ich bat den Herrn um Vergebung und um die Augensalbe, von der in der Offenbarung die Rede ist, um wieder klar zu sehen. Es geschah nichts Dramatisches, und nie würde ich auf den Gedanken kommen, meine Erlebnisse denen von biblischen Helden gleichzustellen, die weit gottesfürchtiger waren, als ich es jemals sein werde.

Nach dem Gebet gingen mir die Tränen irgendwann aus, ich erhob mich mit einem tiefen Seufzer von der Bank, auf der ich gesessen hatte, und schleppte meine müden Schritte unverrichteter Dinge zurück zum trostlosen Studentenheim, in dem ich in einem winzigen, schmalen, düsteren Zimmer meinen Koffer ausgepackt hatte.

Friede mit Gott bedeutet in meinem Leben selten etwas Dramatisches. Manchmal, dass ich einfach aufhöre zu heulen. Für lebensverändernde Entscheidungen an jenem ersten Tag in Tübingen reichte die Kraft ohnehin nicht mehr. Gott sei Dank. Es geschah aber doch etwas. Am Abend begegnete ich Dominique, einer Engländerin, die in Tübingen frisch angekommen war – lebenslustig, mitreißend, auf der Suche nach Abenteuer, und – am allerwichtigsten – mit einem Auto ausgerüstet. Wir erkundeten miteinander die Landschaft, machten die besten Cafés in der Stadt ausfindig und lernten die Eigenarten der schwäbischen Kultur kennen. Es geschah noch was. Ich entdeckte eine christliche Studentengruppe, eine Gebetsgruppe in der Nähe von meinem Studentenheim, interessante Vorlesungen und Seminare, für die ich mich einschrieb, und dann noch etwas: Ich lernte einen jungen Mann kennen, dessen Eifer für Jesus und aufrichtiger Lebensstil mich bewegten und herausforderten. Bald verlobte ich mich mit diesem jungen Mann, kehrte nach dem Ende meines Studiums in England wieder nach Tübingen zurück und heiratete ihn. Immer wieder denke ich an jene Weinkrämpfe auf dem Österberg in Tübingen zurück und muss schmunzeln. Wenn ich nur damals geahnt hätte, dass in dieser einsamen »Wüste«, in die ich so impulsiv hineingeflüchtet war, in Wirklichkeit meine ganze Zukunft und alle Lebensträume verborgen vor meinen Füßen lagen. Und dass meine Kinder später an dieser gleichen Universität studieren würden. Gott hatte schon die ganze Zeit seine Finger im Spiel gehabt. Seine Idee war es, mich hierherzubringen. *El Roi* – er hatte mich gesehen. Und nach und nach – nicht sofort – entfaltete sich die andere Geschichte, die hier lief, die nur er verfassen konnte. Wie tröstlich zu wissen, dass gerade die dunkelsten, einsamsten Orte in unserem Leben so eine wichtige Rolle in dieser, in seiner Geschichte spielen. Ein bisschen Vertrauen, ein bisschen Geduld, ein bisschen

Loslassen – und die Augensalbe fängt an zu wirken. Wir erkennen, dass hinter den Kulissen Gott derjenige ist, der das Drehbuch schreibt, seine Geschichte mit unserem Leben.

Immer wieder finden wir in der Bibel Geschichten, die parallel nebeneinanderlaufen. Wir lesen ein menschliches Narrativ, das gewöhnlich und alltäglich erscheint, bekommen aber hin und wieder einen Blick hinter die Bühne, in Gottes Geschichte. Die Hirten, von einem Engel nach Bethlehem gesandt, sehen eine erschöpfte Mutter, einen erleichterten Vater und einen neugeborenen Säugling. Ungewöhnlich an diesem Anblick ist lediglich der nicht gerade appetitlich riechende provisorische Kreißsaal wie auch die Anwesenheit von Kühen und Schafen anstelle von Hebammen und neugierigen Verwandten. Das ist die Geschichte, die sich vor den natürlichen Augen ihrer Beobachter abspielt. In Offenbarung 12 lesen wir die eigentliche Geschichte, die hier erzählt wird. Es ist von einer Frau die Rede, »bekleidet mit der Sonne, und der Mond war unter ihren Füßen und auf ihrem Haupt ein Kranz von zwölf Sternen« (Offenbarung 12,1). Die Frau liegt in den Geburtswehen und soll ihr Kind auf die Welt bringen. Aber es gibt einen, der mit aller Macht das Leben dieses Kindes auslöschen will, noch bevor es auf die Welt kommt.

Hinter den Kulissen schreibt Gott das Drehbuch, seine Geschichte mit unserem Leben.

> Und siehe, ein großer, feuerroter Drache, der sieben Köpfe und zehn Hörner und auf seinen Köpfen sieben Diademe hatte; und sein Schwanz zieht den dritten Teil der Sterne des Himmels fort, und er warf sie auf die Erde. Und der Drache stand vor der Frau, die im Begriff war, zu gebären, um, wenn sie geboren hätte, ihr Kind zu verschlingen. Und sie gebar einen Sohn, ein männliches Kind, der alle Nationen hüten soll ... Und es entstand ein Kampf im Himmel.«
>
> *Offenbarung* 12,3-7

Eine banale Alltagsszene in einem Stall nahe bei Bethlehem erweckt die Aufmerksamkeit von ein paar unbedeutenden Viehhütern, die wenig Ahnung von dem welterschütternden Ereignis haben, das sich vor ihren Augen abspielt. Johannes sieht in seiner Vision, was wirklich los ist. Hinter den Kulissen erreicht der hartnäckige Kampf um Leben und Tod zwischen dem rechtmäßigen Schöpfer dieser Welt und dem Betrüger und Dieb (im Buch der Offenbarung als Drache dargestellt), der schon seit Jahrhunderten tobt, seinen dramatischen Höhepunkt. Gott selbst in der Person von Jesus Christus setzt seinen Fuß auf die verbrannte Erde, die der Feind überall hinter sich gelassen hat. Es ist der Startschuss für den Kampf um die Lufthoheit im Universum und in der Welt, vor dem der Feind sich seit seinem vermeintlichen Sieg im Garten Eden mit einem tiefen Grauen gefürchtet hat. Er wird alles daransetzen, dieses Kind zu vernichten.

Berichte von gewöhnlichen Alltagsgeschehnissen mit dramatischen geistlichen Hintergründen: Das ist das Markenzeichen der heiligen Schriften – das, was sie so spannend macht. *El Roi* sieht die Lage immer anders als wir, erzählt immer eine viel größere und bedeutendere Geschichte. Er sieht in dem flüchtenden Mose den Helden, der endlich demütig genug geworden ist, um ein großes Volk aus der Sklaverei zu führen, und Gott, nicht sich selbst, die Ehre dafür zu geben. Er sieht in Gideon, der mit bibbernden Knien und panischer Angst vor feindlichen Angriffen seinen Weizen nachts auf der Tenne drischt, einen zähen Krieger, der die Moabiter in die Flucht treiben wird, und begrüßt ihn mit den Worten: »Der HERR ist mit dir, du tapferer Held!« (Richter 6,12). Es ist kein Scherz, es ist ernst gemeint. Er sieht in zwei gebrochenen und trauernden Witwen die Zukunft und die Rettung der Welt. »Gepriesen sei der HERR, der es dir heute nicht an einem Löser hat fehlen lassen! Sein Name werde gerühmt in Israel! Und er wird dir ein Erquicker der Seele sein und ein Versorger deines Alters!« (Rut 4,14-15). Naomis Freundinnen, die diesen Segensspruch über den neugeborenen Obed sprechen, haben keine Ahnung, dass auch sie unverhofft Sehende geworden sind. Sie denken, dass sie von dem Sohn reden, der der Rut gerade geschenkt worden ist. In Wirklichkeit beschreiben sie haargenau das Wesen und den Auftrag eines anderen Sohnes, der viele Jahre später direkt aus dieser Linie hervorgehen wird und auch in Bethlehem auf die Welt kommen wird. Selbst der Name, den sie für Naomis Enkel aussuchen – Obed – spiegelt die messianische Verheißung wider. Er bedeutet »Diener, Knecht«. Diese Prophetinnen sind, ohne es zu wissen, Seherinnen im echten Sinne geworden.

Siebzig Jünger Jesu kehren müde, aber voller Freude von einer missionarischen Reise zurück und staunen darüber, dass auch die Dämonen ihnen untertan waren in Jesu Namen. Jesus sieht aber mehr als siebzig engagierte Männer, er sieht »den Satan wie einen Blitz vom Himmel fallen« (Lukas 10,18). Die andere Geschichte wieder. »Glückselig die Augen, die sehen, was ihr seht!«, fügt er hinzu (Lukas 10,23).

Die Nähe Gottes – Schlüssel zu geistlicher Sehkraft

Diener Gottes, die Gottes Handschrift in der Trübsal dieses Lebens erkennen, haben eines gemeinsam. Sie sind Menschen, die aktiv und leidenschaftlich die Nähe Gottes suchen, seine Worte lieb haben und diese zu Herzen nehmen, sich auf seine Gnade werfen. Wir haben schon einige Beispiele angeschaut, die zeigen, wie Gott seine Geschichte zu erkennen gibt.

Mal dramatisch in Träumen (Jakob und Josef), mal durch die Heimsuchung durch einen Engel (Hagar, Gideon, die Hirten), mal durch geduldiges, treues Ausharren in schwierigen Spannungsfeldern (Josef, Naomi und Rut).

Manchmal sind es punktuelle Begegnungen mit Gott, in denen der Schleier zwischen Himmel und Erde für einen Moment zur Seite gezogen wird und Gott den Menschen einen kurzen Blick in die himmlische Welt gewährt. Manchmal tauchen Helden Gottes auf, die sich permanent in Gottes Geschichte aufzuhalten scheinen. Das sind die, die auch im Angesicht von Tod und Folter mit keiner Wimper zucken. Der Prophet Daniel denkt nicht einmal darüber nach, seine öffentliche Gebetsroutine an die neuen Regeln des heidnischen Königs anzupassen, und nimmt lieber die Todesstrafe in Kauf, als sich den Forderungen einer gottlosen Obrigkeit zu beugen. Seine drei Freunde bevorzugen es, lebendig verbrannt zu werden, statt sich vor einem heidnischen Standbild hinzuwerfen. In keinem der beiden Vorfälle gibt es Diskussionen, Überlegungen, Zweifel. Ihre Beschlüsse, Gott und nicht Menschen zu gehorchen, sind kompromisslos, eindeutig, indiskutabel. Es sind Beschlüsse, die schon im Vorfeld gefasst wurden.

Diener Gottes suchen leidenschaftlich Gottes Nähe, nehmen sich seine Worte zu Herzen und werfen sich auf seine Gnade.

Manchmal hat das, was Diener Gottes sehen, durchaus nützliche Folgen für die strategische Führung des Volkes Israel. Der Prophet Elisa bereitet dem angriffslustigen König von Aram und seiner plündernden Miliz heftige Kopfschmerzen und schlaflose Nächte, als er jede militärische Bewegung schon vorauszusehen vermag. Bis der feindliche König seine eigenen Mitarbeiter der Spionage verdächtigt und als Antwort die skurrile Erklärung zu hören bekommt: »Der Prophet Elisa, der in Israel ist, teilt dem König von Israel die Worte mit, die du in deinem Schlafzimmer redest!« (2. Könige 6,12). Elisa muss also beseitigt werden. Geheimagenten finden heraus, dass der Prophet sich in der Stadt Dothan aufhält. Klar, was da zu machen ist: die Stadt belagern und den lästigen Propheten Jahwes töten. Elisas Mitarbeiter ist außer sich vor Panik: »Ach mein Herr! Was sollen wir tun?« (2. Könige 6,15). Elisa bleibt gelassen. Seine Augen sehen eine andere Wirklichkeit als die der anrückenden Armee von Aram. Er fordert seinen Diener auf: »Fürchte dich nicht! Denn zahlreicher sind die, die bei uns sind, als die, die bei ihnen sind« (2. Könige 6,16). Er betet weiter: »Herr, öffne doch seine Augen, dass er sieht!« Das, was der Diener auf einmal sieht, verschlägt ihm die Sprache. »Da öffnete der Herr die Augen des Dieners, und er sah. Und siehe, der Berg war voll von feurigen Pferden und Kriegswagen um Elisa herum« (2. Könige 6,17). Gott überlistet die feindlichen Truppen dadurch, dass er sie auf Elisas Wunsch hin mit Blindheit schlägt. Elisa bietet den verwirrten Männern seine Hilfe an, sie zu ihrem Ziel zu führen. Stattdessen führt er sie nach Samaria, direkt zum Hauptsitz des Königs von Israel. Erst dort öffnet der Herr ihre Augen wieder. Anstatt sie umzubringen, bereitet der König für sie – auf Elisas Drängen hin – ein festliches Mahl, sie werden gesättigt nach Hause geschickt und lassen Israel fortan in Ruhe.

> **Das große Bild, die Geschichte Gottes vor Augen zu haben, macht mutig.**

Diese Geschichte trieft von Symbolik als herrliches und humorvolles Anschauungsmaterial für die Dynamik der sehenden Augen! Eines wird dabei klar: In dem Maße, wie Diener Gottes in die Geschichte Gottes hineinschauen, in dem Maße schreiben sie selbst Geschichte. Es ist die Aufgabe eines Propheten, in den Ratschluss Gottes hineinzublicken und zu verkündigen, was er dort sieht. Das große Bild vor Augen zu haben, macht mutig.

Wir erinnern uns wieder an Hiob, der keine Ahnung hatte von der Wette, die Satan mit Gott abgeschlossen hatte, und der durch Glauben einen Platz in der ersten Reihe der Propheten bekam, die die Heilsgeschichte in klaren, bunten Umrissen vorausschauen durften. Auch Hiob landete in der anderen Geschichte, die Gott selbst schreibt. Heilsgeschichte. Er sah aus der Ferne einen Erlöser, die Versöhnung eines sündigen Menschen mit einem heiligen Schöpfer. Das Ende von Tod, Leid und Schmerz. »Vom Hörensagen hatte ich von dir gehört, jetzt aber hat mein Auge dich gesehen« (Hiob 42,5). Der von Gott Gesehene wurde zum Sehenden. Seine Umstände hatten sich zunächst noch nicht geändert, aber seine Blickrichtung sehr wohl.

Das Schaulaufen der Sehenden

In Hebräer 11 finden wir eine beeindruckende Auflistung von geistlichen Helden, die in der Lage waren, unbeschreibliches Leid zu erdulden, weil sie etwas anderes vor ihrem inneren Auge hatten als die Vergnügungen und Erfolge dieser Welt. Das berühmte Glaubenskapitel des Hebräerbriefes ist eine Gebrauchsanleitung für Menschen, die geistlich sehen wollen. Es werden die beschrieben (Hebräer 11,33-40), die große Heldentaten im Auftrag Gottes ausführten, »Königreiche bezwangen, Gerechtigkeit wirkten, Verheißungen erlangten, der Löwen Rachen verstopften, des Feuers Kraft auslöschten, des Schwertes Schärfe entgingen, aus der Schwachheit Kraft gewannen, im Kampf stark wurden, der Fremden Heere zurücktrieben«. Aber auch die, die »Befreiung nicht annahmen, um eine bessere Auferstehung zu erlangen«. Das sind die, die den ultimativen Preis für ihren Glauben bezahlten, wie so viele Christen heute in Ländern, in denen sie verfolgt werden, »deren die Welt nicht wert war … da Gott für uns etwas Besseres vorgesehen hat«. Sie erlebten die Erfüllung der Verheißungen Gottes zwar nicht auf dieser Erde, aber »sahen sie von fern und begrüßten sie und bekannten, dass sie Fremde und ohne Bürgerrecht auf der Erde seien« (Hebräer 11,13-14). Was war ihr Motiv? Sie trachteten »nach einem besseren, das ist nach einem himmlischen« Vaterland (Hebräer 11,16). Sehende Augen, die ins Jenseits schauen: Das ist der rote Faden, der sich durch dieses dichte und inhaltsschwere Kapitel hindurchzieht. Wer den lebendigen Gott erblickt hat, kann auch dem Tod furchtlos ins Gesicht schauen.

Der Prophet Simeon blickt auf Maria und Josef und ihren kleinen Sohn und sieht viel mehr als ein junges Paar, das eine Familie gegründet hat. Er segnet das Kind und ahnt schon das Aufsehen, das es erregen wird, die dramatischen Ereignisse, die seine Ankunft einleiten wird, und auch den Albtraum, der dieser jungen Mutter bevorsteht (Lukas 2,35). Er bereitet das junge Paar auf das außerordentliche Schicksal vor, das auf ihren Sohn wartet. Damit ist seine Aufgabe erledigt. »Nun, Herr, entlässt du deinen Knecht nach deinem Wort in Frieden; denn meine Augen haben dein Heil gesehen« (Lukas 2,29-30). Wer in die Augen von Jesus geblickt hat, wer Heil geschmeckt hat, für den hat diese Welt nichts mehr zu bieten.

Wer in die Augen von Jesus geblickt und Heil geschmeckt hat, für den hat diese Welt nichts mehr zu bieten.

Ähnliches beobachten wir bei Stephanus, einem der ersten Verantwortlichen der Urgemeinde und dem allerersten christlichen Märtyrer. Kurz bevor die Steine auf ihn einprasseln, die von seinen tobenden Feinden geschleudert werden, schaut er zum Himmel auf und sieht die Herrlichkeit Gottes. Seine letzten Worte sind: »Siehe, ich sehe die Himmel geöffnet und den Sohn des Menschen zur Rechten Gottes stehen! ... Herr Jesus, nimm meinen Geist auf! ... Rechne ihnen diese Sünde nicht zu!« (Apostelgeschichte 7,56.59-60). Diese Schilderung eines Märtyrertodes tröstet mich, wenn ich nachts wach liege und an meine verfolgten Mitchristen denke, die unbeschreibliches Leid ertragen müssen. Oder an Freunde, die unheilbar krank sind und sich auf den Tod gefasst machen müssen. Ich möchte glauben, dass Gott eine besondere Schau in die Himmelswelt bereithält für die, die ihn kennen und lieben. Ich denke an meine Mutter, deren angespanntes und von Krebs gezeichnetes Gesicht sich kurz vor ihrem letzten Atemzug plötzlich zu einem Lächeln entspannte. An meinen Vater, der am Abend vor seinem Tod nach seinen Schuhen verlangte und nicht ruhig wurde, bis er sie angezogen hatte. Seine Sonntagsschuhe, versteht sich. Ahnte er, dass eine Reise bevorsteht?

Gerade weil wir so viele Vorbilder und Zeugen haben, fordert der Schreiber des Hebräerbriefs uns auf, auf Jesus selbst zu schauen, »den Anfänger und Vollender des Glaubens, der um der vor ihm liegenden

Freude willen die Schande nicht achtete und das Kreuz erduldete und sich gesetzt hat zur Rechten des Thrones Gottes« (Hebräer 12,2). Jesus dachte, lebte, glaubte und handelte vom Ende her. Nur dadurch hatte er die Kraft, das unvorstellbare Leid durchzuhalten, dem er ausgesetzt war. Indem wir auf ihn schauen, bekommen auch wir die Kraft, die wir brauchen, Lasten zu tragen, Sünde zu widerstehen und bis zum Ende treu zu sein.

> Deshalb lasst nun auch uns, da wir eine so große Wolke von Zeugen um uns haben, jede Bürde und die uns so leicht umstrickende Sünde ablegen und mit Ausdauer laufen den vor uns liegenden Wettlauf … damit ihr nicht ermüdet und in euren Seelen ermattet!
>
> *Hebräer 12,1.3*

In 2. Korinther 4,17-18 wiederholt Paulus diesen Gedanken:

> Denn das schnell vorübergehende Leichte unserer Bedrängnis bewirkt uns ein über die Maßen überreiches, ewiges Gewicht von Herrlichkeit, da wir nicht das Sichtbare anschauen, sondern das Unsichtbare; denn das Sichtbare ist zeitlich, das Unsichtbare aber ewig.

Wie kann man in der heutigen Welt heilig leben? Das werde ich oft gefragt. Genau so, wie es dieser Vers im

Hebräerbrief vorschreibt. So wie Menschen schon immer in dieser Welt heilig gelebt haben. Auf Jesus schauen, das Ziel vor Augen halten, vom Ende her leben, die eigentliche Geschichte tief in die eigene Seele verankern. Die Ewigkeit im Herzen tragen. Auf eine kleinere Freude kann problemlos verzichtet werden, wenn eine größere Freude in Aussicht gestellt wird. Der Junge, der sich auf ein neues Fahrrad freut, hat wenig Problem damit, auf das Schoko-Eis zu verzichten. Ein banales Beispiel, aber für mich hilfreich. Paulus vergleicht das Leben als Christ mit einem Wettrennen. Sportler geben sich Mühe, trainieren, verzichten, nehmen Opfer auf sich, weil die Trophäe, die sie vor Augen haben, ihnen viel wertvoller ist als Abende im Kino oder beim Zocken am Computer mit Popcorn, Bier und Chips.

Auf Jesus schauen, das Ziel vor Augen halten, vom Ende her leben!

Der Vorteil, den wir als Christen haben, ist, dass wir das herrliche Ende unserer Lebensgeschichte nicht erst erarbeiten müssen. Es steht schon fest, ist garantiert, versiegelt, im Vertrag unterzeichnet. Jesus hat das alles am Kreuz für uns vollbracht. Durch unseren Glauben an ihn haben wir unsere Adresse gewechselt, sind Bürger und Bürgerinnen des Himmels geworden und wissen felsenfest, wo wir hingehören.

Durch unseren Glauben an Jesus haben wir unsere Adresse gewechselt und sind Bürger des Himmels geworden.

Ich schreibe Romane und verwickle meine Protagonisten manchmal in brenzlige und gefährliche Abenteuer, in denen es um Leben oder Tod geht, Glück oder Unglück, Erfolg oder Versagen. Da ich in der Regel den Ausgang der Geschichte schon im Kopf habe und weiß, dass die Helden durchkommen und die Bösewichte untergehen werden, kann ich die Hochs und Tiefs in der Geschichte mit ziemlicher Gelassenheit schildern und meinen Helden auch manches zumuten. Genauso wie ich die Schrammen, Stürze, Eigentore und Fouls meiner Lieblingsfußballer besser aushalte, wenn ich das Spiel nicht live, sondern hinterher anschaue und schon weiß, dass sie gewinnen werden.

Dieser Blick auf das Ende der Geschichte hilft auch Asaf, als er sich im Psalm 73 die Frage stellt, die auch ich mir manchmal stelle: Welchen Mehrwert bringt die Mühe des Glaubens, wenn ich umgeben bin von ungläubigen Menschen, die scheinbar problemlos durchs Leben segeln? Warum sollen sie denn glauben? Welche Botschaft habe ich für diejenigen, die alles im Leben haben, denen nichts fehlt, denen ihr Leben sogar besser gelingt als mir meins? »Bis ich hineinging in das Heiligtum Gottes. Bedenken will ich dort ihr Ende« (Psalm 73,17). Im Heiligtum Gottes sieht Asaf das große Bild: Auf das Ende kommt es an. So kann Asaf schließlich sagen: »Gott zu nahen ist mir gut. Ich habe meine Zuversicht auf den Herrn, HERRN gesetzt, zu erzählen alle deine Taten« (Psalm 73,28). Es geht in dem Psalm nicht darum, sich schadenfreudig und mit einem spöttischen »Wartet mal ab« über seine ungläubigen Freunde zu erheben, sondern darum, nah bei Gott zu sein, auf ihn zu vertrauen. Dann können wir auch denen, denen es scheinbar besser geht, die großen Taten Gottes, das Evangelium, weitergeben.

Das bleibt unser großer Vorteil in den Hochs und Tiefs unseres Lebens: Wir wissen schon, wie unsere Geschichte ausgeht. Auch wir, wie einst Johannes, werden »einen neuen Himmel und eine neue Erde« und »die heilige Stadt, das neue Jerusalem, aus dem Himmel von Gott herabkommen« sehen. Auch wir werden erleben, wie er »jede Träne von ihren Augen abwischen« wird. »Und der Tod wird nicht mehr sein, noch Trauer noch Geschrei noch Schmerz wird mehr sein« (Offenbarung 21,1-4). An vielen Stellen in der Bibel lässt Gott uns kurz auf die Herrlichkeit blicken, die Jesus so viel Kraft für das Ausharren auf dieser Erde gegeben hat. Auf dem Berg der Verklärung bekommen Petrus, Johannes und Jakobus einen winzigen Vorgeschmack der ungetrübten Nähe Gottes. Sie sind überwältigt und wollen nicht mehr vom Berg heruntersteigen. Sowohl der Prophet Jesaja als auch Johannes ringen um Worte, um die Landschaft des Himmels zu beschreiben, in die sie hineinblicken dürfen (Jesaja 25; Offenbarung 1). Pau-

Unser Vorteil in den Hochs und Tiefs unseres Lebens: Wir wissen, wie die Geschichte ausgeht.

lus beschreibt diese Schnittstelle zwischen Vergänglichkeit und Unvergänglichkeit so: »Denn wir sehen jetzt mittels eines Spiegels undeutlich, dann aber von Angesicht zu Angesicht. Jetzt erkenne ich stückweise, dann aber werde ich erkennen, wie auch ich erkannt worden bin« (1. Korinther 13,12).

Auch dem großen Apostel fehlen manchmal die Worte für das unbeschreibliche Glück, das ihm aus der Welt Gottes immer wieder zuwinkt. Einmal behauptet er, Sterben sei ein Gewinn und er würde am liebsten gleich abscheiden und bei Christus sein (Philipper 1,21.23). Und im Epheserbrief schreibt er so, als wäre er schon dort angekommen: »Er hat uns mitauferweckt und mitsitzen lassen in der Himmelswelt in Christus Jesus, damit er in den kommenden Zeitaltern den überragenden Reichtum seiner Gnade in Güte an uns erweist in Christus Jesus« (Epheser 2,6-7).

Gerade bei Paulus hat man das Gefühl, dass er sein irdisches Zelt direkt auf der Trennlinie zwischen Zeit und Ewigkeit aufgeschlagen hat. Wie kaum ein anderer blickt er in die Welt von Christus und schreibt das auf, was er sieht und erkennt, lässt auch uns zweitausend Jahre später an den Geheimnissen Gottes teilhaben. Wir dürfen über seine Schulter schauen und mit ihm zusammen die eigentliche Geschichte lesen, die Augensalbe kaufen, von der Johannes in der Offenbarung schreibt, und Teil einer anderen Welt werden. Der Gesehene wird in der Tat zum Sehenden. So wie wir erkannt wurden, erkennen wir.

V.

Gesehen, sehend suchend im Auftrag von *El Roi*

Im vierten Buch aus der Narnia-Serie von Schriftsteller C.S. Lewis finden sich ein Mädchen namens Jill und ihr Schulkamerad Eustace plötzlich in einer anderen Welt, im Auftrag des Löwen Aslan in einer Rettungsmission unterwegs. Der Thronfolger, einziger Sohn des betagten Königs Caspian von Narnia, ist seit Jahren verschollen und wird für tot gehalten. Der alte König ist außer sich vor Trauer und Sorge. Aslan informiert Jill und Eustace, dass der verlorene Prinz nicht tot ist, sondern unter der Macht einer bösen Zauberin lebt, die durch ihn Narnia annektieren und ihrem dunklen Reich einverleiben will. Die Aufgabe der Kinder ist es, den jungen Mann zu finden und seinem Vater zurückzubringen oder aber bei dem Versuch, den Auftrag auszuführen, zu sterben. Vier Zeichen oder Anhaltspunkte, die sie führen werden, sollen sie zu Herzen nehmen, auswendig lernen und jeden Tag aufsagen und wiederholen. Nur wenn sie diese Zeichen jeden Tag vor Augen haben, wird ihr Auftrag gelingen. Aslan warnt sie, dass es nicht so einfach ist, wie es klingt. Im Staub und in der Hitze des Gefechts sind die Gedanken vernebelt, Dinge erscheinen nicht immer so, wie sie wirklich sind. Und in der Tat bringen die Kinder es fertig, die drei ersten Zeichen alle zu vermasseln – durch Unachtsamkeit und weil sie sich miteinander streiten oder sich immer wieder für die bequemste Option entscheiden, wenn ihnen ihr Auftrag zu riskant erscheint.

Auch wir haben »Zeichen« bekommen, an denen wir uns in diesem Leben orientieren dürfen. Ein ganzes Buch voll. Wegweiser, Anweisungen, Warnungen, Hilfen, mit offenen Augen durch die Welt zu gehen. Und auch wir sollen diese Zeichen auswendig lernen, zu Herzen nehmen, jeden Tag wiederholen, einander gegenseitig an sie erinnern. Auch unser Kopf wird vernebelt, auch wir werden unachtsam, müde in der Hitze und Mühsal des Gefechts. Nicht ohne Grund redet die Bibel immer wieder von einem geistlichen Kampf, in dem wir stehen. Unser Körper ist chronisch erdgebunden. Er will seine Ruhe. Er will sündigen, sich verwirklichen, sich durchsetzen, sein eigener Gott sein, ohne dass sein Schöpfer sich ständig einmischt. Bis wir diesen Körper los sind, bleibt es ein Ringen darum, ob wir Gottes Geschichte schreiben oder unsere eigene.

Bis wir diesen Körper los sind, bleibt es ein Ringen darum, ob wir Gottes Geschichte schreiben oder unsere eigene.

Auch wir haben einen Auftrag. Geistliche Erlebnisse und Begegnungen mit Gott sind nicht als Selbstzweck gedacht. Auch nicht dazu, dass wir unser Umfeld mit unseren Gebetserfahrungen oder Heilig-Geist-Erlebnissen beeindrucken können. Sich auf Gott einzulassen, ist eine gefährliche, lebensverändernde Angelegenheit. Wer ihm wirklich begegnet, protzt nicht über geistliche Erlebnisse und Erkenntnisse. Er ist durch ein tiefes Sendungsbewusstsein gekennzeichnet.

Hier bin ich, sende mich!

Von Gott gesehen, selbst sehen und dann ausgesandt, um andere einzuladen, gesehen zu werden und selbst zu sehen, so etwa ist der Ablauf einer *El-Roi*-Begegnung. Genau so hat der Prophet Jesaja seine Erfahrung der Nähe Gottes erlebt, die er in Jesaja 6 beschreibt. König Usija ist gestorben. Um zu verstehen, was Jesaja im Tempel widerfährt, müssen wir wissen, dass Usija ein gottesfürchtiger König war. Sein Tod bedeutete eine ungewisse und turbulente Zeit für das Land – politisch wie auch geistlich. Jesaja ist vermutlich am Boden zerstört. Mitten in seiner Trauer sieht er »den Herrn sitzen auf hohem und erhabenem Thron, und die Säume seines Gewandes füllten den Tempel« (Jesaja 6,1). Schon wieder ein Beispiel von einer Begegnung mit Gott mitten in Not und Verzweiflung. Schon wieder wird demjenigen eine andere Geschichte erzählt, der dafür offene Augen hat. In der natürlichen Welt ist ein König gestorben und ein Volk trauert. In der geistlichen Welt thront ein viel größerer König, der nie sterben wird, dessen Pläne nie entgleisen werden, dessen Thron für immer stehen wird. Vor einer Kulisse von atemberaubender Schönheit und herrlichster Anbetung entfaltet sich eine Vision von diesem König vor den Augen des traurigen Propheten. Das ist die Geschichte, die Jesaja wieder auf die Füße bringen wird.

Bevor der Prophet die berühmten Worte »Hier bin ich, sende mich« stammelt, geschieht etwas Entscheidendes. Das Erste, was er in dieser Live-Begegnung mit der Heiligkeit Gottes sieht, ist seine eigene Sünde. »Wehe mir, denn ich bin verloren!«, ruft er verzweifelt. »Meine Augen haben den König, den HERRN der Heerscharen, gesehen« (Jesaja 6,5). Im Licht Gottes kann er den Anblick seiner eigenen Unwürdigkeit nicht ertragen. Sein Sehen bedeutet das unbequeme Bewusstsein, dass ein heiliger Gott auf ihn blickt. Er ist beschämt. Vor der Aussendung kommt die Reinigung. Die Trauer über die eigene Unzulänglichkeit, das schlechte Gewissen, wenn ich an die harten Worte denke, die ich heute gesprochen habe, die fiesen Gedanken, die Suche nach den eigenen Vorteilen, die Gleichgültigkeit der Not der anderen gegenüber.

Es ist normal und gesund, zerknirscht zu sein in der Gegenwart Gottes. Ich wünschte, ich wäre es viel mehr. Es darf wehtun, wenn Gott seinen Finger auf die wunden Stellen in meinem Leben legt. In unserer modernen Wellness-Kultur wollen wir lieber glauben, dass Schuldgefühle grundsätzlich falsch sind. Die Bibel sieht es anders. Wohl dem, der über die eigenen Fehltritte zutiefst trauert und diese bereut, dessen Gewissen unter dem heiligen Blick Gottes belebt und geschärft wird. Wohl dem, der sich in die Nähe Gottes nicht so richtig traut, weil er sich nicht würdig fühlt. Den kumpelhaften Umgang mit Gott, der in Teilen der heutigen Christenheit vermittelt und gefördert wird, finden wir an keiner Stelle in der Bibel. Mit Gott in Berührung zu kommen, ist nicht etwas, was wir auf die leichte Schulter nehmen dürfen. »Es ist furchtbar, in die Hände des lebendigen Gottes zu fallen!« (Hebräer 10,31). Die Ich-Besessenheit einer Wohlstandsgesellschaft findet sich zum Teil in unseren Liedern, unseren Predigten, sogar unseren Evangelisationen. In der Selfie-Kultur einer individualistischen Grundgesinnung dreht sich alles um mich, Gott ist nur Nebendarsteller in meiner Erfolgsstory. Echtes Christsein fängt jedoch mit diesem Gebet des Jesaja an: »Wehe mir!«

Es darf wehtun, wenn Gott seinen Finger auf die wunden Stellen in meinem Leben legt.

Jesaja hätte sich seine Sorgen sparen können. Einer der Serafim fliegt zu ihm mit einer glühenden Kohle in der Hand, vom Altar genommen. Ein Bild für Opfer, für Reinigung. Anspielungen auf das spätere Opfer Jesu Christi, Erinnerung an den Sohn, der auf den Altar gelegt werden soll. »Er berührte damit meinen Mund und sprach: ... so ist deine Schuld gewichen und deine Sünde gesühnt«

(Jesaja 6,7). Kein: Nimm es nicht so tragisch, Jesaja, du bist doch ein ganz ordentlicher Kerl. Mir selbst sagen, dass ich toll bin, dass Gott mich schon o.k. finden wird, das reicht bei Gott nicht. Gott widerspricht Jesaja nicht, als er sich verloren glaubt, aber er reinigt ihn. Das ist die Gnade Gottes, keine billige Gnade, keine Verharmlosung menschlicher Sünde. Ein anderer hat für diese Sünde teuer bezahlt. Wie teuer es Gott kommen wird, das ahnt Jesaja erst später.

Der Auftrag

»Wen soll ich senden, und wer wird für uns gehen?« (Jesaja 6,8). Aus einem gereinigten Mund kommt ohne Zögern das Jawort des Propheten: »Hier bin ich, sende mich!« Auf die beeindruckende Szene der großen Vision folgt ganz nüchtern ein Auftrag. Was ist die Aufgabe, für die er hinausgesandt wird? Er soll zu einem Volk predigen, das keine Lust hat zu hören. Er soll die Israeliten einladen, ihre Augen aufzutun, um Heilung für sich zu finden, aber sie werden nicht wollen. »... Verklebe seine Augen, damit es mit seinen Augen nicht sieht und mit seinen Ohren nicht hört und sein Herz nicht einsichtig wird und es nicht umkehrt ...« (Jesaja 6,10). Nicht gerade ermutigend. Nicht das Material, mit dem man einen Missionsbrief füllen könnte, um neue Spender und

Gebetsunterstützer zu gewinnen. Kein Wunder, dass Jesaja fragt: »Wie lange, Herr?« Die Antwort des Herrn: Bis das Land völlig verwüstet ist. Ein kleines Detail am Ende seiner Rede sticht aber heraus. Beim Fällen der Bäume wird ein Stumpf übrig bleiben, aus dem Neues erwachsen wird – »Ein heiliger Same ist sein Stumpf« (Jesaja 6,13). Auch mitten in den Trümmern geht Gottes Geschichte weiter. Die göttliche Genetik, die in den Stamm Juda hineingepflanzt wurde, kann nicht gelöscht werden. Die folgenden Kapitel im Buch Jesaja haben Material für unzählige geistliche Dichter und Liedermacher durch die Jahrhunderte hindurch geliefert: Es bleibt nicht beim Stumpf; Jesaja sieht einen Trieb aufgehen. »Er ist wie ein Trieb vor ihm aufgeschossen und wie ein Wurzelspross aus dürrem Erdreich … Er war verachtet und von den Menschen verlassen, ein Mann der Schmerzen und mit Leiden vertraut« (Jesaja 53,2-3). Gänsehauttexte, prophetische Schilderungen vom kommenden Heil, die bis heute ihren zentralen Platz in jeder Weihnachts- und Osterliturgie haben. Jesaja sieht die Geburt, das Leben und das Sterben von Christus voraus wie kein anderer vor oder nach ihm. Er lädt auch uns ein zu schauen, aber auch zu verkündigen, andere einzuladen, mitzuschauen.

> Zions wegen will ich nicht schweigen, und Jerusalems wegen will ich nicht ruhen, bis sei-

> ne Gerechtigkeit hervorbricht wie Lichtglanz und sein Heil wie eine Fackel brennt. Und die Nationen werden deine Gerechtigkeit sehen und alle Könige deine Herrlichkeit ... Ich will die Gnadenerweise des HERRN bekennen, die Ruhmestaten des HERRN, nach allem, was der HERR uns erwiesen hat, und die große Güte gegen das Haus Israel, die er ihnen erwiesen hat nach seinen Erbarmungen und nach der Fülle seiner Gnadenerweise.
>
> *Jesaja 62,1-2; 63,7*

Ein Sehender wird zu einem Verkündiger, der alle, die es wollen, direkt ins Vorhaben Gottes hineinschauen lässt.

Wenn wir als Diener Gottes Zeit mit Gott verbringen, werden wir mit einem Auftrag in die Welt zurückgesandt werden, mit Gottes Augen sehend, mit der Erkenntnis, dass unser Leben kein Produkt des Zufalls ist, dass wir Soldaten in einer Mission sind. Dann werden seine Anliegen zu unseren Anliegen. Seine Liebe für Menschen und seine Sehnsucht nach ihrer Rettung wird zu unserer Liebe für Menschen, und wir können nicht anders, als ihnen die Rettungsbotschaft weiterzusagen. Wir werden Bauarbeiter in seinem Reich, Mitarbeiter in seiner Gemeinde.

Wenn wir als Diener Gottes Zeit mit Gott verbringen, werden seine Anliegen unsere Anliegen.

Mose, am brennenden Busch von Gott gerufen, wehrt sich zunächst gegen den Ruf Gottes, kehrt jedoch zurück nach Ägypten, um sein Volk aus der Sklaverei zu führen.

Die Moabiterin Ruth, in tiefer Trauer, sucht Zuflucht unter den Flügeln des Gottes Israels, wird Teil von seinem Volk und wird zur Mutter des nächsten Juda-Erben, aus dessen Linie schließlich Jesus Christus hervorgeht.

Die kinderlose Hanna sucht in ihrer Verzweiflung ein Gespräch mit Gott in der Stiftshütte in Silo, kehrt mit einem Lächeln im Gesicht zurück zu den Festlichkeiten, die ihr als einziger Frau ohne Kinder zu schaffen machen. Noch ahnt sie nicht, dass sie einen Propheten auf die Welt bringen wird, Samuel, der das Volk Gottes zumindest für eine Generation in der Spur Gottes halten wird.

Der Prophet Elia wird in seiner einsamsten Wüstenstunde von Gott gesehen und ernährt und geht erhobenen Hauptes schnurstracks zurück ins Revier seiner Erzfeindin Isebel. Ausgerüstet mit einer kräftigen Portion an geistlicher Sehkraft, bietet er dem bösen Königspaar nach dessen Mord am Weingärtner Nabot mutig die Stirn und kündigt ihnen das Gericht an.

Hiob begegnet Gott in seinem Leid mit einer außergewöhnlichen Intensität. Er wagt sich zurück ins Leben mit Vergebung im Herzen für die Freunde, die ihm so viel Leid zugefügt haben, wird zum Zeugen der Güte und des Segens Gottes und stirbt schließlich »alt und der Tage satt« (Hiob 42,17).

Die Emmausjünger, geknickt und verzweifelt nach dem Schock der Kreuzigung, unterhalten sich, ohne es zunächst zu wissen, mit dem auferstandenen Jesus. Sie erkennen ihn im Brechen des Brotes und eilen, nachdem ihnen die Augen aufgetan sind, zurück nach Jerusalem ohne eine Spur von Müdigkeit, um ihren Brüdern die gute Nachricht zu bringen.

Wenn Jesaja weissagt, dass der Messias Blinden die Augen auftun wird und »die Blinden auf einem Weg gehen lassen (wird), den sie nicht kennen« (Jesaja 42,16), dann meint er viel mehr als die körperliche Blindheit, die Jesus geheilt hat. »Die Finsternis vor ihnen werde ich zum Licht machen«, fährt er fort. Das heißt, Diener Gottes werden Realitäten sehen, die nur im Licht Gottes sichtbar sind. Diese Blicke durch die Augen Gottes sind für den Bau seines Reiches und für die Entstehung der Urgemeinde unverzichtbar.

Diener Gottes werden Realitäten sehen, die nur im Licht Gottes sichtbar sind.

Josef, der Mann von Maria, sieht nach seinem gottgegebenen Traum nicht mehr fälschlicherweise eine Verlobte, die ihn mit einem anderen Mann betrogen hat, sondern die Jungfrau, deren Schwangerschaft schon vom Propheten Jesaja vorausgesagt wird, die Auserwählte, die Christus austragen darf. Auch er fängt an, mit Gottes Augen zu sehen.

Jesus sieht eine Welt, die sehnsüchtig auf Rettung wartet, und fordert seine Jünger auf: »Schaut die Felder an! Denn sie sind schon weiß zur Ernte!« (Johannes 4,35). Immer wieder erinnert er die Jünger an den Grund, warum sie hier auf der Erde sind – Menschen für Jesus zu gewinnen.

Ein Mann namens Hananias wird von Gott zum frisch bekehrten Saulus geschickt. Er zögert aus gutem Grund: »Ich habe von vielen über diesen Mann gehört, wie viel Böses er deinen Heiligen in Jerusalem getan hat« (Apostelgeschichte 9,13). Gott sieht in Saulus aber etwas anderes, »ein auserwähltes Werkzeug, meinen Namen zu tragen sowohl vor Nationen als auch vor Könige und Söhne Israels« (Apostelgeschichte 9,15). Hananias muss einen Schritt im Glauben tun und seine Sicht über Saulus Gottes Sicht anpassen. Wer viel Zeit mit Gott verbringt, fängt an, anders zu sehen, Menschen zu sehen, wie Gott sie sieht.

Wer viel Zeit mit Gott verbringt, fängt an, Menschen zu sehen, wie Gott sie sieht.

Zurück zu unserem Leben – Hilfsmittel im Alltag

Träume, Besuche von Engeln, Visionen vom Herrn im Tempel, die hörbare Stimme Gottes im Ohr … Alles schön und gut für die Helden von damals, mag der eine oder andere denken. Allerdings erlebten nicht alle von ihnen dramatische göttliche Erscheinungen, bevor sie sich als von Gott Gesehene erkannten. In der Geschichte von Naomi und Ruth taucht Gott gar nicht aktiv auf. Es gibt kein »Und der Herr sprach« oder »Ein Engel erschien in einem Traum« oder Ähnliches. Naomi kehrt nach Bethlehem zurück, weil sie keine andere Möglichkeit hat. Sie hat aufgehört, an Gottes Güte in ihrem Leben zu glauben. Ihre Rückkehr zu Gott, ihr Mitwirken in der Partnerschaft zwischen Boas und Ruth ist wohl eher eine schrittweise Erleuchtung. Auch bei Petrus lesen wir nichts von einer außergewöhnlichen Eingebung, als er den Betrug von Hananias und Saphira in den Anfangszeiten der Urgemeinde durchschaut und entlarvt. Oder bei Simeon, der den Messias in dem neugeborenen Säugling erkennt, den Maria und Josef in den Tempel bringen. Und auch Josef bekommt in seinen langen Jahren in der Sklaverei in Ägypten keine durchschlagenden Offenbarungen von Gott, zumindest erfahren wir nichts davon. Aber eine tiefe Gottesfurcht hilft ihm, integer und heilig zu leben, auch wenn ihm dies nur Nachteile bringt.

Eigentlich stehen uns die gleichen Hilfestellungen zur Verfügung wie allen, die dem Gott der Bibel begegnet sind. Alle, die wir uns angesehen haben, waren gottesfürchtige Männer und Frauen. Es war ihnen wichtig, was Gott denkt. Sie waren Menschen des Gebets. Innerlich streckten sie sich zum Herrn aus, sie wollten seine Stimme hören, seinen Willen tun. Auch wir sind aufgefordert, in dieser Haltung zu leben. »Dein Reich komme, dein Wille geschehe«, das soll die Triebkraft von allem sein, was wir tun. Wer Gott von ganzem Herzen sucht, der findet ihn. Der fängt an, die Geschichte hinter der Geschichte zu erkennen oder wenigstens zu vertrauen, dass es eine größere Geschichte gibt.

Sehen lernen wir auch durch das Bibellesen. »Öffne meine Augen, damit ich schaue die Wunder aus deinem Gesetz«, betet David in Psalm 119,18. Die Bibel ist das Handbuch zu der Geschichte, von der mein und dein Leben ein kleiner Teil sind. Wenn wir uns in die Schriften vertiefen, spüren wir das Auge Gottes über unserem Leben. Unser Gewissen wird geschärft, unser Herz belebt, unsere Seele aufgerichtet. Wir erkennen Sünde in unserem Leben, wir lernen, wie wir zu leben haben, was Gottes Prioritäten sind, was ihm wichtig ist. Wir werden aus unserer Ich-Zentriertheit herausgezogen, auf die Spur Gottes gelenkt, leben für ihn und nicht mehr für uns selbst. Auf diese Weise werden wir Teil seiner Geschichte, achten auf die Stimme seines Heiligen Geistes in unserem Herzen, auch mitten im Alltag, und verhalten uns so, wie er sich verhalten würde. »Christus in (uns), die Hoffnung der Herrlichkeit« (Kolosser 1,27) formt in uns

Wer Gott von ganzem Herzen sucht, der findet ihn.

den Charakter und den Lebensstil von Jesus. »Denn wie er ist, sind auch wir in dieser Welt« (1. Johannes 4,17). Wir, sein Leib, sind die Fortsetzung seines Wirkens mitten in einer sündigen Welt.

Eine weitere Hilfe, *El Roi* auch in unserem Leben zu begegnen, ist die Gemeinschaft mit anderen Suchenden, die das gleiche Ziel vor Augen haben. Kein sündiger Mensch kann auf eigene Faust den Willen Gottes erkennen. Dafür sind wir, auch als Gerettete, zu tief von Sünde gezeichnet. Wir vergessen gerne und schnell, dass Gott auf unsere Lebenswege achtet, wir spüren nicht immer seine Gegenwart. Gerade in Zeiten jedoch, in denen wir das Haupt, Jesus, nicht erkennen, sind seine Hände und Füße sehr wohl erkennbar in seinem Leib, der Gemeinde. Unsere Einbindung in eine lebendige Gemeinschaft von gleichgesinnten Christen ist ein großer Schutz vor Selbstbetrug. Denn es gibt auch ein falsches Sehen. Wir bilden uns ein, Gottes Sicht der Dinge zu haben, irren uns aber, ohne es zu merken, lassen uns von unserer Persönlichkeit, eigenen Wünschen oder Rechthaberei steuern anstatt vom Geist Gottes. Auch in der Bibel haben Diener Gottes nicht immer auf Anhieb gewusst, ob Gott einem Vorhaben zustimmt oder nicht. David war überzeugt, dass er einen Tempel für den Herrn bauen solle. Es brauchte einen Nathan, der aus dem Abstand heraus Gottes Stimme besser hören konnte als David. Er musste David sagen, dass Gott diese Aufgabe für Davids Sohn Salomo vorgesehen hat.

Ich bin schon viele Jahre unterwegs mit dem Herrn. Je älter ich werde, desto dankbarer bin ich für Geschwister im Glauben, die mir immer wieder helfen, weg vom Sichtbaren zu schauen und stattdessen auf das Unsichtbare zu sehen, »denn das Sichtbare ist zeitlich, das Unsichtbare aber ewig« (2. Korinther 4,18). Gerade in harten Zeiten bin ich oft auf den Zuspruch anderer angewiesen, die mir helfen, zu schmecken und zu sehen, dass der Herr gut ist.

Der Blick in die Ewigkeit

Für uns alle wird ein Tag kommen, an dem alles Schauen mit unseren natürlichen Augen in dieser Welt ein Ende haben wird und unser ganzes Dasein auf das reduziert sein wird, was unsere inneren Augen gesehen haben. Je früher und gründlicher wir uns im Vorfeld auf diesen Tag vorbereiten, desto besser werden wir ihn ertragen, wenn das Ende kommt und wir wissen, dass das Licht nun ausgeschaltet wird und wir uns spätestens jetzt völlig auf die Gnade Gottes werfen müssen. Wie viel besser, diese Gnade schon vorher zu kennen und auf sie gebaut zu haben! Deshalb betet David: »So lehre uns denn zählen unsere Tage, damit wir ein weises Herz

Es wird ein Tag kommen, an dem unser Dasein auf das reduziert sein wird, was unsere inneren Augen gesehen haben.

erlangen!« (Psalm 90,12). Für diejenigen, deren innere Augen scharf, trainiert und vorbereitet sind und die in jungen, gesunden Jahren schon gelernt haben, sich von Gott sehen zu lassen und als Reaktion darauf selbst in die himmlische Welt zu schauen, hat der Tod kein Grauen mehr. Im Gegenteil:

> Geliebte, jetzt sind wir Kinder Gottes, und es ist noch nicht offenbar geworden, was wir sein werden; wir wissen, dass wir, wenn es offenbar werden wird, ihm gleich sein werden, denn wir werden ihn sehen, wie er ist.
>
> *1. Johannes 3,2*

Als Petrus den verherrlichten Jesus auf dem Berg der Verklärung erblickte, wollte er nirgendwo anders hinschauen. Er war gefesselt. Er wollte nicht mehr vom Berg runtergehen. Über diese Momente der Begegnung zwischen Himmel und Erde denke ich in den vergangenen Jahren viel nach, vor allem seitdem ich mich von immer mehr geliebten, mir nahestehenden Freunden und Angehörigen verabschieden musste. Ich bete, dass unsere Gemeinde solche Momente wiederentdeckt. Ohne Gott, den *El Roi*, der uns sieht, zu kennen und mit Leidenschaft zu suchen, werden wir das Christsein nur als mühsame Tretmühle erleben. In unserem christlichen Abendland haben wir die kompromisslosen Aufforderungen des Evangeliums zu oft aus dem ursprünglichen Kontext herausgerissen, in dem es um Leben in Fülle, Freude, tiefes Glück, aber auch um ewiges Leben und Rettung aus dem Tod geht. Stattdessen haben wir einen trockenen Regelkatalog daraus gemacht. Diese Regeln haben aber nur dann Kraft, wenn wir ständig im Blickkontakt bleiben mit dem Gott, von dem sie kommen. Sonst verlieren wir die Tränen der Erleichterung, das Lachen, die Schreie von Reue und Dankbarkeit, die Anziehungskraft und Leidenschaft – das Leben, das auf jeder Seite der Bibel pulsiert und uns zu einem lebendigen, kraftvollen Glauben einlädt. Kein Wunder, dass eine moderne Generation »Nein, danke« sagt zu einem Gott, der wie ein grimmiger Schulmeister mit erhobenem Zeigefinger dargestellt wird, oder als harmloser Weihnachtsmann, dessen einziger Leitsatz »Schwamm drüber« lautet. Dabei ist er der hartnäckigste Liebhaber verlorener Seelen, den man sich vorstellen kann. Wir gehorchen ihm, weil wir ihn lieben. Das ist das Evangelium. Es schenkt uns einen Blick auch über den Tod hinaus.

Vorbereitete Augen sehen die ausgestreckten Hände eines Vaters vor sich, der sein Kind nach Hause holt.

Vorbereitete Augen sehen keinen Sarg vor sich, sondern die ausgestreckten Hände eines Vaters, der sein Kind nach Hause holt. Vorbereitete Ohren hören keine Klagegesänge, sondern vernehmen in der Ferne die Festlieder des Paradieses. Vorbereitete Herzen möchten am liebsten auch gleich mit in den Himmel gehen, sind aber bereit, hier auf Erden noch zu verweilen, bis die Arbeit getan ist und der Meister ruft.

Deshalb konnte der Pilger in Bunyans »Pilgerreise zur seligen Ewigkeit« am Ende seiner Reise folgende Worte sagen:

> Ich sehe mich nun am Ziel meiner Reise, die Tage der Mühe und Arbeit sind zu Ende. Ich darf nun bald den sehen, dessen Haupt mit Dornen gekrönt war und dessen Angesicht um meinetwillen verspeit ward. Bisher habe ich im Glauben gelebt; nun aber ziehe ich dahin, wo ich im Schauen leben und bei dem sein werde, dessen Nähe meine Wonne ist. Ich habe von nichts lieber gehört als von meinem Herrn, und wo ich nur Seine Fußstapfen auf Erden erblickte, da habe auch ich meine Füße hinzusetzen begehrt. Sein Name ist mir gewesen wie eine ausgeschüttete Salbe (Das Hohe Lied 1,3), ja lieblicher als aller Weihrauchduft. Nichts klang in meinen Ohren süßer als Seine Stimme; nach Seinem Angesicht habe ich mich stärker gesehnt als nach dem Licht der Sonne. Seine Worte waren meine Speise und Stärkung in der Schwachheit. Er hat mich erhalten und meine Übertretungen fern von mir sein lassen, ja, meine Schritte sind fest geworden auf Seinem Weg.[5]

Zurück zu Hagar

Deshalb konnte Hagar den Weg zurück zum Ort ihrer Verletzungen wagen. Noch sah sie keine Ewigkeit vor sich. Noch war ihre Geschichte nicht zu Ende. Aber sie hatte genug Licht, um den nächsten Schritt zu machen, im Wissen, dass ein wachsames Auge über ihrem Weg wacht – das Auge Gottes. Ihr Vertrauen in ihn war stärker als ihre Angst vor dem, was auf sie wartete. Was konnte schiefgehen? »Wenn Gott für uns ist, wer kann da noch gegen uns sein?« (Römer 8,31; NLB).

Anmerkungen

1 Yvonne Schwengeler: Der Gott der mich sieht, in: Ethos (2021) 8, S. 33.

2 Vgl. dazu Klaus Koenen: Art. »El Roi«, in: WiBiLex, www.bibelwissenschaft.de/stichwort/17436 (20.4.2022).

3 Markus Spieker: Jesus. Eine Weltgeschichte, Basel ^{3}2020, S. 122.

4 Vgl. vertiefend den Podcast von Nicola Vollkommer: »Start in den Tag« #175: »Das hörende Ohr, das lauschende Herz«, rigatio.com/podcast-start-in-den-tag (20.4.2022).

5 John Bunyan: Pilgerreise zur seligen Ewigkeit. Lahr-Dinglingen ^{9}1979, S. 310.

Nicola Vollkommer

Unter dem Flammenbaum

Wo meine Seele ihr Nest hatte

Eine Kindheit im Herzen Afrikas. Nicola Vollkommer erzählt von ihrer Familie, die zwischen die Fronten eines Bürgerkrieges geriet. Und von ihrem Vater, der durch seinen Einsatz vielen das Leben rettete. Ein Buch, das die Farben und Klänge Afrikas lebendig werden lässt.

Paperback, 13,5 × 20,5 cm, 288 Seiten
Nr. 395.515, ISBN 978-3-7751-5515-1
Auch als E-Book

SCM
Hänssler

Nicola Vollkommer

Flucht nach Mattingley Hall

England, 19. Jahrhundert: Als Lady Jasmin Devreux merkt, dass ihr Verlobter, der reiche Verleger Hubertus Argyle, nichts Gutes im Schilde führt, flieht sie Hals über Kopf nach Mattingley Hall und verbirgt ihre wahre Identität. Aber es dauert nicht lange, bis Hubertus ihr auf die Spur kommt ...

Gebunden, 13,5 × 21,5 cm, 432 Seiten
Nr. 396.010, ISBN 978-3-7751-6010-0
Auch als E-Book

SCM
Hänssler